认识论与形而上学

西方中世纪晚期哲学原著选编

何宝申 编译

图书在版编目(CIP)数据

认识论与形而上学：西方中世纪晚期哲学原著选编／
何宝申编译．--苏州：苏州大学出版社，2024.9．
ISBN 978-7-5672-4946-2

Ⅰ．B503

中国国家版本馆 CIP 数据核字第 2024T1C825 号

书　名：认识论与形而上学：西方中世纪晚期哲学原著选编
　　　　Renshilun yu Xing'ershangxue：
　　　　Xifang Zhongshiji Wanqi Zhexue Yuanzhu Xuanbian
编 译 者：何宝申
责任编辑：王　亮
装帧设计：吴　钰
出版发行：苏州大学出版社（Soochow University Press）
社　　址：苏州市十梓街 1 号　邮编：215006
印　　装：苏州市越洋印刷有限公司
网　　址：www.sudapress.com
邮　　箱：sdcbs@suda.edu.cn
邮购热线：0512-67480030
销售热线：0512-67481020
开　　本：700 mm×1 000 mm　1/16　印张：12　字数：203 千
版　　次：2024 年 9 月第 1 版
印　　次：2024 年 9 月第 1 次印刷
书　　号：ISBN 978-7-5672-4946-2
定　　价：48.00 元

凡购本社图书发现印装错误，请与本社联系调换。服务热线：0512-67481020

前　言

本书是有关西方中世纪哲学的教材，也可供自学者参考使用。国内目前收录中世纪哲学原著的教材，如《西方哲学原著选读》[①]和《中世纪哲学》[②]，基本上是按时代顺序来进行编纂的，虽然内容丰富，但对问题意识的梳理、把握略有不足。本书按主题编纂，其用意在于凸显文本的问题意识和论证方法，以便读者在阅读文本时能批判性地形成自己对这些问题的评价和观点。

西方中世纪哲学家在许多哲学领域都有深入的探讨，本书收录的文本无法遍及这些领域，因此只能聚焦中世纪晚期（13—14 世纪）哲学在认识论和形而上学方面较重要的四个主题，即围绕抽象论的争论、怀疑主义、共相之争和世界的永恒存在。本书分为四篇，分别收录与上述主题有关的代表性文本。每篇开头的引言简要介绍相应的主题和收录其中的文本。全书最后附有对重要哲学术语的解释，以及所收录的哲学家的生平简介。

以下是对本书采用的体例和翻译的一些说明。

首先，许多中世纪晚期哲学著作都由一系列针对特定哲学问题和论点的证明、反驳、回应构成，它们被统称为"争辩"（disputatio, disputation）。为了便于梳理和凸显它们之间错综复杂的辩证关系，当代学者通常会在这类文本的每个段落开头加上带方头括号的编号，本书亦采取同样做法。具体来说，编译者在编号时秉持两个原则：

[①] 北京大学哲学系外国哲学史教研室：《西方哲学原著选读》，北京：商务印书馆，1981 年。

[②] 赵敦华、傅乐安：《中世纪哲学》，北京：商务印书馆，2013 年。

第一个原则：唯有以明显争辩形式展开的文本——它们通常是西方中世纪哲学家的授课讲稿或授课记录，如《箴言四书注释》(Commentary on the Four Sentences)——才需要编号。欧特库的尼可拉斯的《致贝尔纳神父的书信》、托马斯·阿奎那的《论存在物和本质》和布拉班特的西格尔的《论世界的永恒》这样的单篇著作具有相对清晰的脉络，读者无须依赖编号也可以理解其内容。

第二个原则：编号的目的在于梳理和凸显论点、证明、反驳、回应之间的复杂辩证关系，因此并不是每个段落都需要编号。编译者对论点、证明、反驳、回应的界定如下。"论点"意指针对特定哲学问题的哲学立场或主张。"证明"指用来支撑论点的论证。在多数文本中，证明都是紧跟着论点出现的。"反驳"指的则是站在对立的哲学立场来对证明或相关论点进行驳斥的论证。在有些文本中，作者会在提出论点之后，绕过证明，直接展开针对论点的反驳。"回应"则是为了捍卫最初论点而对反驳予以驳斥的论证。有些比较复杂的文本还包括了驳斥回应的"再反驳"和驳斥再反驳的"再回应"。论点、证明、反驳、回应形成了一种非并列的从属关系，编译者以1、1.1、1.1.1、1.1.1.1……标示之。要注意的是，在这种从属关系中，下一级可能是对上一级的证明，也可能是对它的反驳，这必须根据具体的文本脉络来判断。

其次，针对同一个哲学问题可能有若干相关的论点，针对同一个论点会有不同的证明，而针对同一个证明也会有多个反驳，依此类推。凡此种种，都显示出一种并列的非从属关系，本书用1、2、3……这样的序数来标示(例如，如果某个问题的编号是1，对其的论点有三种，那么这些论点就分别被编号为1.1、1.2、1.3)。另一种并列的非从属关系则没有明显的辩证性质，它只是作者对某些哲学概念的分析或分类(如最低种差和个体差之间的三种比较分析、词项指代的几种类型)，甚或是一段较长论述当中的起承转合。这些情形同样用1、2、3……的方式来表示。

再次，为了使文义更清楚，本书会适度在文本中附加以方头括号标示的补充说明。"……"表示由编译者删减的段落。如果某些单词汉译的意思不十分明确，但又不是专门的哲学术语，编译者会在汉译后面括注相应的英译，以便对照参考，如有需要，还会附上斜体拉丁原文。另外，有些单词属于中世纪哲学的术语，本书会在脚注和全书最后的附录中予以解释。

又,按中世纪哲学惯例,文本当中作单数的"哲学家"意指亚里士多德(Aristotle,公元前384—公元前322),"注释家"则指注释亚里士多德多篇著作的伊斯兰哲学家阿维若依(Averroes,1126—1198)。本书尊重惯例,不另做修改或解释。

最后,书中有几个频繁出现的汉译词需要在此说明。第一,正文部分的"我"一律指称所选文本的作者,如阿奎那、尼可拉斯等人。若有需要,编译者会在脚注部分另做说明。第二,"存在物"是拉丁文 *ens* 和英文 being 的汉译,泛指存在的东西,包括但不限于人。与之相关的"存在"作名词解,是拉丁文 *esse* 和英文 to be 或 existence 的汉译,意指存在物的存在,或"存在物存在"。正如"跑"是使跑者得以跑的因素,"存在"是使存在物得以存在、使其成为存在物的因素。第三,"认识"是拉丁文 *cognitio* 和英文 cognition 的汉译,作名词解,指的是广义的认识过程或活动,或者是由此产生的感性认识或知性认识。当对应的拉丁文动词 *cognoscere*、*scire*、*intelligere* 以从句为宾语时,编译者将之译为"知道",如"我知道人的本质是理性的动物"。若宾语为名词,则译为"认识",如"我认识苏格拉底"——在这个意义下,"我认识苏格拉底"的意思并不是"我和苏格拉底有私交",而是"我拥有关于苏格拉底(的本性)的认识"。作名词解的 *intelligibile* 若译为"可认识物"恐过于啰唆,故从简译为"可知物"。

目 录

第一篇　抽象论和相关争论 / 1

　　引言 / 2

　　第一章　托马斯·阿奎那 / 4

　　第二章　根特的亨利 / 15

　　第三章　约翰·邓斯·司各脱 / 23

　　第四章　奥康的威廉 / 30

第二篇　怀疑主义 / 39

　　引言 / 40

　　第一章　托马斯·阿奎那 / 41

　　第二章　根特的亨利 / 45

　　第三章　欧特库的尼可拉斯 / 57

第三篇　共相之争 / 67

　　引言 / 68

　　第一章　阿维森纳 / 69

　　第二章　托马斯·阿奎那 / 71

　　第三章　约翰·邓斯·司各脱 / 82

　　第四章　奥康的威廉 / 104

第四篇 世界的永恒存在 / 127

引言 / 128

第一章 布拉班特的西格尔 / 129

第二章 托马斯·阿奎那 / 136

第三章 根特的亨利 / 145

第四章 奥康的威廉 / 155

附录一 中世纪哲学术语 / 173

附录二 哲学家简介 / 179

第一篇

抽象论和相关争论

引　言

多数的中世纪哲学家认为人能够如实地认识事物,但他们对于人如何如实认识事物有不同解释。托马斯·阿奎那的抽象论对此的说明如下:认知者通过感觉器官,从外在事物那里获得肖似该物的可感心象(sensible species),它们还可细分为可视心象、可听心象等。想象力进而将可感心象形成感觉图像(phantasma),而主动理智进一步从感觉图像中抽象(abstract)出可知心象(intelligible species),并将之存放于被动理智(又称为可能理智)中。当被动理智接受了可知心象,认知者关于事物的真实认识就产生了。关于抽象论有两个要点要注意:第一,它主张人生而有之的自然理智本身就足以确保认识的产生,无须借助额外的超自然力量;第二,理智是通过认识被抽象出的可知心象来认识与可感心象肖似的真实事物,因此理智在某个意义下是间接而非直接地认识真实事物。阿奎那的抽象论引发了基于不同角度的许多批评。例如,根特的亨利主张一种源自奥古斯丁的光照论,它反对抽象论的第一个要点,并强调:某些认识是普遍必然为真的,但考虑到自然理智的可错性,理智必定要被动接受某种超自然因素——即所谓"光照"(illumination)——的影响,才能获得这种认识。约翰·邓斯·司各脱不同意此说。在他看来,如果自然理智本身无法获得普遍必然的认识,那么它在本质上就必然地与这种认识绝缘了。但这么一来,不论超自然因素用什么方式影响它,它最终都还是无法获得普遍必然的认识。换言之,司各脱认为亨利的光照论实际上会导致令人难以接受的怀疑论后果。由于司各脱的批评,光照论在中世纪晚期逐渐没落。奥康的威廉的直观论反对抽象论的第二个要点,它主张理智能通过直观认识(intuitive cognition)来直接地认识客观事物,而无须经过心象的中介。奥康提出许多论证来说明:任何能够由心象和相应的抽象活动来解释的认知现象,都可以由直观认识来解释,既然如此,设定心象就是多此一举、毫无必要的。奥康对阿奎那抽象论的批评是其剃刀原则(Ockham's razor)的范例之一。

本篇摘录了以上四位哲学家关于这个主题的文本。阿奎那的文本选自《神学大全》卷一第八十四、八十五、八十六题。亨利的文本选自《正规论题大全》。司各脱的文本选自他在牛津大学讲授《箴言四书》时留下的讲稿,一般称为《箴言四书注释订正本》或《牛津评注》。奥康的文本选自《箴言四书注释记录本》。

第一章　托马斯·阿奎那

（一）知性灵魂是否通过永恒之理来认识物质物？①

知性灵魂似乎不是通过永恒之理来认识物质物，理由如下：

【对"知性灵魂通过永恒之理来认识物质物"的】反驳一：当我们通过某个东西来认识某物时，我们必须事先具备对那个东西的更好认识。但在人的现世生活中，他的知性灵魂并不认识永恒之理，因为它不认识永恒之理存于其中的第一因。正相反，如迪欧尼修斯在《论神秘神学》第一章所说，"和第一因结合，就像是和未知者结合一样"。因此，灵魂并非通过永恒之理来认识一切事物。

反驳二：《罗马书》第一章第二十节曾说，"通过第一因所造之物，我们得以看见第一因当中的无形之物"，但第一因当中的无形之物就包括永恒之理。因此，这些永恒之理就是通过物质性的被造物来被认识的，而不是反过来。

反驳三：永恒之理无非就是所谓的理型（ideas），因为根据奥古斯丁在《八十三个杂题》第四十六题中所说，"理型就是存在于神圣心灵当中的不变范式"。因此，如果我们说知性灵魂认识了永恒之理中的一切，那么我们就回到了柏拉图的观点，因为他认为人的所有认识都是基于理型。②

反之：奥古斯丁在《忏悔录》卷十二中说，"如果我们都发现你说的是真理，也都发现我说的是真理，那么我问：我们是在哪里发现这真理呢？当然，

---

① 选自 Thomas Aquinas. *Summa theologiae* I, q. 84, a. 5. In *Opera omnia*, vol. 4 - 12. Fratres Praedicatores (ed.). Rome：Commissio Leonina, 1888—1906。标题出自原书。编译者参考的英译本是 Thomas Aquinas. *Summa theologiae: prima pars*. William H. Marshner (trans.). Washington：The Catholic University of America Press, 2024。

② 译注：反驳三预设柏拉图的理型论是难以接受的，故而任何蕴含它的说法都不成立。

我并没有在你那里发现它，你也没有在我这里发现它，而是我们各自所说的都存在于不变真理当中，它在我们所说的之上"。但这不变真理就被包含在永恒之理中。因此，知性灵魂认识永恒之理当中的一切东西。

我回答如下：正如奥古斯丁在《论基督教要旨》卷二中所说，"如果那些所谓的哲学家偶然说出了任何真实且符合我们信仰的真理，我们就必须视他们为真理的非法持有者，从他们那里夺回那真理，因为异教的某些学说是对真理的虚假模仿或迷信发明，而我们既已弃绝了异教，就必须小心提防其中的思想"。因此，奥古斯丁熟悉柏拉图主义者的学说，其中但凡和信仰一致的，他都会采纳，但只要和信仰不一致，他就予以修改。现在，如前所述，柏拉图认为事物的形式是独立于物质而存在的。他将这些形式称为理型，并认为我们的理智只有通过分有理型才能够有所认识。因此，正如有形体的质料（corporeal matter）通过分有石头的理型而变成石头一样，我们的理智也通过分有石头的理型而认识了石头。然而，由于"事物的形式在事物及其质料之外独立自存"这种观点看似和信仰不一致，所以奥古斯丁就用上帝心中的关于一切被造物的理型来代替这些形式。按照此说，所有事物都是根据上帝心中的理型而形成的，而且人的灵魂也是根据它们才得以认识一切。

因此，当我们问"人的灵魂是否通过永恒之理来认识一切"时，对此的回答必须是，"通过某个东西来认识某物"这种说法有两种解读方式。根据第一种解读方式，它的意思是"通过某个本身就被认识的东西来认识某物"，例如人们可以通过看见镜中的倒影来看到镜子前的东西。在这个意义下，灵魂在其现世状态中并不能认识永恒之理当中的一切，但那些看到上帝和其中一切的蒙福之人能通过永恒之理来认识一切。根据第二种解读方式，"通过某个东西来认识某物"的意思是"通过某个作为认识原理的东西来认识某物"。例如我们会说，在阳光下看到的东西，就是通过阳光来看到的。在这个意义下，我们必须说，人的灵魂认识永恒之理中的一切，并且通过对其的分有来认识一切，因为我们心灵当中的知性之光无非就是对包含了永恒之理的非受造之光的模仿或是其相似物。

尽管如此，除了我们心中的知性之光外，我们还需要借助从事物当中抽象出来的心象才能认识物质物。因此，我们无法只通过永恒之理来获得对物质物的认识。柏拉图主义者认为通过永恒之理就足以获得认识。因此，奥古斯丁在《论三位一体》卷四中才会反问："诚然，哲学家们以确定可靠的论据证明了一切现世之物都是根据永恒之理创造而成的,但他们是否因而就能在永恒之理中清楚地认识它们,甚或从中发现动物的种类和它们的起源呢?他们难道不是通过在时空中的实际探索才能够对此有所认识吗?"

此外,奥古斯丁并不认为"通过永恒之理或不变真理来认识一切"就意味着"永恒之理本身是可被认识的",这一点可以从他的著作中清楚地看出。他在《八十三个杂题》第四十六题中说:"并非每个灵魂,而是只有纯洁圣洁的灵魂"(如蒙福者的灵魂)"才配有此认识"(意指永恒之理)。

综上所述,对前面几个质疑的答复就不言自明了。

(二) 我们的理智是否借由对感觉图像的抽象作用来认识物质物?[①]

我们的理智似乎并不借由对感觉图像的抽象作用来认识物质物,理由如下。

【对"我们的理智借由对感觉图像的抽象作用来认识物质物"的】反驳一:如果某人对对象的认识和对象本身所是的样子不同,那么他的认识就错了。但物质物的形式并不是抽象的,因为它没有从感觉图像所表征的个体当中分离出来。因此,如果我们借由从感觉图像中抽象出心象来认识物质物,那么我们的认识就错了。

反驳二:物质物是自然物,质料对其定义来说是不可或缺的。现在,对任何东西的认识,都需要那些对其定义来说不可或缺的东西。因此,如果缺少质料,我们就无法认识物质物。但质料是物质物的个体性原理。因此,我们不可能通过从个体中抽象出共相来认识物质物,因而也就不可能通过从感觉图像中抽象出心象来认识它们。

反驳三:如亚里士多德在《论灵魂》卷三中所说,"感觉图像之于知性灵魂,就好比颜色之于视觉"。但视觉并不来自【观看者】从颜色中抽象出心象,而是来自颜色在视觉上留下印象。同理,认识也不来自【认识者】从感觉图像中抽象出某种东西,而是来自感觉图像在知性上留下印象。

[①] 选自 Thomas Aquinas. *Summa theologiae* Ⅰ, q. 85, a. 1. In *Opera omnia*, vol. 4 - 12. Fratres Praedicatores (ed.). Rome:Commissio Leonina, 1888—1906。标题出自原书。编译者参考的英译本是 Thomas Aquinas. *Summa theologiae: prima pars*. William H. Marshner (trans.). Washington:The Catholic University of America Press, 2024。

反驳四:如亚里士多德在《论灵魂》卷三中所说,"知性灵魂有两种能力,即可能理智和主动理智"。但可能理智的功能并不是从感觉图像中抽象出心象,而是接纳已被抽象出的心象。另外,从感觉图像中抽象出心象似乎也不是主动理智的功能,因为主动理智之于感觉图像,就好比光之于颜色,因为光并不从颜色中抽象出任何东西,而反倒是影响颜色的介质。因此,我们绝不可能通过对感觉图像进行抽象作用来获得认识。

反驳五:根据亚里士多德在《论灵魂》卷三中所说,"理智的功能在于认识感觉图像当中的心象"。因此,理智的功能并不是对感觉图像进行抽象作用。

反之:亚里士多德在《论灵魂》卷三中说,"东西越能从质料中分离出来,就越能够被认识"。因此,物质物之所以被认识,是由于它从质料和感觉图像这样的物质性影像中被抽象出来。

我回答如下:如前所述,认识能力是和认识对象相称的,而认识能力分三个层次。第一种认识能力,即感觉能力,来自感觉器官的活动。每一种感觉能力的对象都是存在于有形体的质料当中的一种形式,而由于对象的质料是其个体性原理,所以一切感觉能力都只能产生关于个体的认识。第二种认识能力既不进行涉及形体的活动,也没有以任何方式和有形体的质料相结合。这种理智就是天使理智(angelic intellect)。因此,它的对象是一种不依赖质料而存在的形式,因为虽然天使可以认识物质物,但他们是通过非物质性的东西(他们自己或上帝)来认识它们。与前两者相对,人类理智居于这两种认识能力之间。正如前面所说,它不进行身体器官的活动,而是一种以身体为形式的灵魂的能力。因此,人类理智的专属对象就是个别地存在于有形体的质料当中的形式,但不是形式在这质料中的样子。现在,认识个别质料中的东西(而非按其在这质料中的样子),无非就是从感觉图像所代表的个别质料中抽象出形式。因此,我们必须说,我们的理智是通过从感觉图像中抽象出心象来认识物质物。我们通过这种方式认识物质物,并进而借此获得了对非物质物的有限认识。天使的认识过程则与此相反,因为他们是通过非物质物来认识物质物。而柏拉图只关注人类理智的非物质层面,却忽视了它仍然以某种方式和身体相结合。于是,正如前述,柏拉图便认为理智的对象是和物质相分离的理型。这么一来,我们就不是通过抽象作用,而是通过对抽象物的分有来认识事物。

对反驳一的回应:抽象作用分为两种方式,其一是借由组合和分解,如当我们认识到某物不在另一物当中或和它分离时;其二则是借由简单而绝对的思考,就像我们考虑某物而不考虑另一物一样。现在,对本来并非抽象的真实事物进行第一种方式的抽象作用,这是说不通的,但若按照第二种方式来进行抽象,就不会如此。我们可以拿可感事物为例来解释。如果我们认为或说"颜色不在有色物体当中",或者"颜色在有色物体之外",那么这种想法或说法是错误的。但如果我们要强调的是颜色及其属性,并且不考虑有颜色的苹果,那么这种想法或说法并没有错误,因为苹果并不包含在颜色的种差定义中,而且我们大可以在想到颜色的时候不想到苹果。同样地,我也宣称:任何和物质物(如石头、人或马)的种差定义有关的东西,都可以在不考虑个体性原理的情况下被考虑,因为个体性原理并不是种差定义的一部分,而这正是我所说的"从个体抽象出共相、从感觉图像抽象出心象"的意思。在考虑种的本性时,我们并不考虑被感觉图像表征的个体性原理。

因此,在"如果某人对对象的认识不同于对象本身所是的样子,那么他的认识就错了"这个陈述当中,如果"不同"指的是"被认识的对象",那么该陈述为真,因为当一个人对对象的认识不同于对象本身时,这种认识当然是错误的。例如,如果一个人从质料中抽象出石头的种,并且以为石头的种不存在于质料当中,那么他的认识就错了。这种错误看法正是柏拉图主张的。然而,如果"某人对对象的认识不同于对象本身所是的样子,那么他的认识就错了"中的"不同"指的是"认识者",那么上述陈述就为假,因为认识者的认识本来就不同于认识对象的存在,这是因为被认识的对象是以非物质方式存在于认识者的理智当中,而不是以物质物的物质方式存在于认识对象当中。

对反驳二的回应:首先,有些人认为自然物的种只包含自然物的形式,其质料不是种的一部分。但若是如此,质料就不会包含在自然物的定义中。鉴于此,我们需要提出另一种说法,即区分共同质料(common material)和个别或特指质料(individual or designated material)。例如,肉和骨头是共同质料,而个别质料则是这块肉和这些骨头。理智从个别的可感质料(而非共同的可感质料)中抽象出自然物的种,例如,它将人这种种从这块肉和这些骨头中抽象出来。正如亚里士多德在《形而上学》卷七中所说,这块肉和这些骨头只是个体的一部分,而非种的本性的一部分。正因如此,理智在认识种的本性时可以不去考虑它们。然而,理智却不能把【作为共同质料的】肉和骨头从人的种当中抽象出去。

其次,数学物①的种可以被理智从可感的共同质料和可感的个别质料中抽象出来。但理智无法从可知的共同质料中将其抽象出来,它只能从可知的个别质料中抽象出数学物的种。这是因为可感质料指的是作为可感性质(冷、热、软、硬等)的基底(subject)的有形体的质料,而可知质料则是指作为数量的基底的实体。现在很明显的是,数量在可感性质之先就依存在实体中。因此,我们可以只谈论数量(如数目、维度、作为数量的边界的形状)而不去考虑可感性质,而这么做正是将数量从可感质料当中抽象出来。然而,我们不能只谈论数量却不论及作为数量之基底的实体,而这么做就是从可知的共同质料中抽象出数量。但我们可以只考虑数量而不考虑这个或那个实体,而这么做就是将数量从可知的个别质料当中抽象出来。

最后,有些东西(例如存在物、一、潜能和现实等)甚至还可以从可知的共同质料中被抽象出来,因为这些东西即使没有任何质料也可以存在。这种情形在无形体的实体中是显而易见的。

由于柏拉图没有考虑到上述两种抽象方式的不同,所以他认为上述所有被理智抽象出来的东西本身都作为抽象物而存在。

对反驳三的回应:颜色存在于物质性有形个体当中的方式,和它存在于视觉能力当中的方式是相同的。因此,颜色可以在视觉上留下它的影像。但根据前述内容,感觉图像是个体的影像,并且存在于有形体的感觉器官中。因此,它们的存在方式和人类理智的存在方式不同,它们不能凭自己的力量在可能理智上留下印象,而需要借助主动理智。主动理智转向表征着某物的种或本性的感觉图像,进而在被动理智中产生了某些影像。通过这种方式,可知心象就从感觉图像当中被抽象出来了。但这并不表示同一个形式原本存在于感觉图像当中,之后才被转移至被动理智,仿佛一个物体从一处被移到另一处一样。

对反驳四的回应:主动理智首先对感觉图像进行光照,然后将心象从感觉图像中抽象出来。感觉图像受到光照,因为就像人的感官部分由于和理智部分相结合而获得更高力量一样,主动理智也使得可知概念和种易于从感觉图像当中抽象出来。此外,主动理智从感觉图像中抽象出心象,因为通过它

---

① 译注:数学物(即阿奎那接下来所说的"数量")和自然物相对,前者没有有形体的质料,后者则有。

的力量,我们可以在没有个体性原理的情况下认识种的本性,并在被动理智当中留下这些本性的影像。

对反驳五的回应:一方面,我们的理智从感觉图像中抽象出可知心象,因为它是从普遍性的角度来看事物的本性的;但另一方面,理智又是在感觉图像当中认识这些心象的,因为如前所述,如果不借助感觉图像,理智根本不能认识那些它从中抽象出心象的事物。

(三)从感觉图像抽象出的心象,是否就是被理智所认识的东西?①

质疑:从感觉图像抽象出的心象,似乎就是被我们的理智所认识的东西,理由如下。

【对"从感觉图像抽象出的心象,并不是被我们的理智所认识的东西"的】反驳一:被实际认识(actually understood)之物存在于认识者当中。事实上,它和正在活动的理智(intellect in act)是同一回事。但在认识者的理智中被认识的事物,无非就是被抽象出的心象。因此,心象就是被理智认识的东西。

反驳二:被实际认识的东西必须存在于某物当中,否则它根本无法存在。但灵魂是个例外,它不存在于任何事物中,因为灵魂之外的事物是物质性的,它们都不是被实际认识的东西。因此,被实际认识的东西是在理智当中,所以它无非就是前面所说的心象。

反驳三:亚里士多德在《论诠释》卷一中说,"言语是灵魂所经历事物的记号"。但言语表示被认识的事物,因为我们使用言语正是为了表示我们所认识的东西。因此,灵魂所经历的事物(即心象)就是被认识的东西。

反之:可知心象之于理智,就如同可感心象之于感官。但可感心象并不是被感觉的东西,而是感官赖以感觉的媒介。因此,可知心象不是被实际认识的东西,而是理智赖以认识的媒介。

我回答如下:有些人认为我们的认识能力除了自身所经受之物以外,什

---

① 选自 Thomas Aquinas. *Summa theologiae* Ⅰ, q. 85, a. 2. In *Opera omnia*, vol. 4 – 12. Fratres Praedicatores (ed.). Rome:Commissio Leonina, 1888—1906. 标题出自原书。编译者参考的英译本是 Thomas Aquinas. *Summa theologiae: prima pars*. William H. Marshner (trans.). Washington:The Catholic University of America Press, 2024。

么都不认识。例如,感官只感觉到感官所经受之物。根据这种观点,理智唯一认识的,就是它所经受之物,也就是它接纳的心象。因此,心象就是被认识的东西。然而这种观点显然是错误的,原因有二。

首先,我们认识的东西就是科学认识的对象。因此,如果我们认识的东西只是灵魂中的心象,那么科学认识就不再关乎灵魂之外的事物,而只涉及灵魂中的心象。柏拉图主义者就认为所有科学都以理型为对象,而理型是实际被认识的东西。

其次,若这种观点为真,就会导致古代哲学家的一种错误主张,即"任何东西看似是什么样子,便果真是那个样子"。如此一来,则互相矛盾者也可以同时为真。因为如果一个认识能力只认识自身经受之物,那么它也就只能对其进行判断。于是,认识能力所经受之物是什么样子,它的判断便是那个样子,而这会导致所有判断都为真。举例来说,如果味觉只感觉自身所经受之物,那么当一个味觉健康的人判断蜂蜜是甜的时,他的判断就是正确的。同样地,如果一个病人的味觉受到影响,尝到蜂蜜是苦的,他的判断也是正确的。这两人都是根据自己味觉所经受之物来判断的。如此一来,每一种意见,以及普遍来说每一种经受的方式,都同样为真。

因此,我们必须说,心象和理智的关联就在于它是理智赖以认识的媒介。对这一点的进一步澄清如下。《形而上学》卷九区分了两种活动:一种活动存留在活动者内部(如观看或认识),另一种活动则传递到外部事物中(如加热或切割)。尽管如此,每种活动都是根据一种形式产生的。正如传递到外部事物的活动赖以产生的形式肖似活动的对象一样(例如,加热者的热肖似被加热者的热),存留在活动者内部的活动赖以产生的形式也是其对象的影像。因此,视觉能力必须借由所见物的影像才得以看见,同理,被认识物的影像(即心象)也是理智赖以认识的形式。然而,由于理智会反思自己,所以它通过这种反思,既认识了自己的认识活动,也认识了它所认识的心象。因此,心象是在次要意义下被认识的东西,而在主要意义下被认识的,则是心象所肖似的事物。

事实上,上述论点在古代哲学家的观点(即"相似物是被相似物所认识的")中已经很明显了,因为他们认为灵魂会通过它自身当中的土元素来认识外在于它的土元素。其他元素也不例外。因此,既然我们认识的是土元素的心象,而不是实际的土元素(正如亚里士多德在《论灵魂》卷五中所说,"在灵魂当中的不是石头,而是石头的形式"),那么灵魂就是通过心象来认识灵魂外的事物。

对反驳一的回应:所谓"被实际认识之物和正在活动的理智是同一回事"的意思是"被认识物是借由其影像来存在于认识者当中",因为正如可感物的影像就是感性认识的形式,同样地,被认识物的影像也是理智的形式。因此,我们不能由此推论出被抽象出的心象就是被实际认识之物,我们只能说心象是被实际认识之物的影像。

对反驳二的回应:"被实际认识之物"一词包含两个重点,即被认识的东西,以及"它被认识"这一事实。同样地,"被抽象出的共相"一词也包含两个重点,即事物的本性,以及"它被抽象出来、拥有普遍性"这一事实。因此,被认识和被抽象的本性只存在于个体中,而"被认识"和"被抽象出来"这一事实则存在于理智中。

我们可以通过和感官的比较来解释上述这一点。视觉看到的是苹果的颜色,却看不到它特有的气味。如果有人问:这个不带气味的被看见的颜色存在于哪里?那么答案显然是:被看见的颜色只存在于苹果当中。但另一方面,"颜色被感觉到而不带气味"的事实只能归因于视觉能力,因为视觉能力当中有颜色的影像,但没有气味的影像。

同样地,被认识的人性只存在于这个人或那个人当中,但"不带个体性原理的人性被认识"以及"它被抽象出来"这一事实和由之而来的普遍概念"人性",则是由于人性被理智认识才出现的,因为理智当中有种的影像,但没有个体性原理的影像。

对反驳三的回应:人的感官部分中有两种活动,一种活动是通过外界的变化而发生的,例如感官被可感物所改变,就完成了感觉活动;另一种活动则是想象力的建构,也就是说,想象力借此为自己构造出某种不存在的东西,甚至从未见过的东西的模型。而在理智当中,这两种活动是结合在一起的。被动理智先是接纳了可知心象,而后,它就据此形成了由语词所意指的定义、组合和分解。因此,语词表达的并不是心象本身,而是理智为了判断外在事物所构造出来的东西。

（四）我们的理智是否认识个体？①

质疑：我们的理智似乎认识个体，理由如下。

【对"理智不认识个体"的】反驳一：任何人只要认识了复合的命题，就认识了构成该命题的词项。而我们的理智认识"苏格拉底是人"这个命题，因为理智的功能之一就是建构命题。因此，我们的理智认识个体，如苏格拉底。

反驳二：实践性理智为实践活动提供指引。但活动涉及个体。因此，实践性理智就必须认识个体。

反驳三：我们的理智认识自身。但理智是个体，否则它就不能活动，因为只有个体才会活动。因此，我们的理智认识个体。

反驳四：既然较高的能力做得到较低能力可以做的事情，而且感官能够认识个体，那么理智也必定能够认识个体。

反之：亚里士多德在《物理学》卷一中宣称，"从解释的角度来看，共相更适于被认识，而从感官的角度来看，个体更适于被认识"。

我回答如下：我们的理智无法直接且主要地认识个别的物质物，因为物质物的个体性原理是个别物质，而如前所述，我们的理智是通过从个别物质中抽象出心象才能获得认识。但从个别物质中抽象出来的东西是共相。因此，我们的理智只能够直接认识共相。另一方面，理智可以间接地、仿佛通过反思一样去认识个体，因为如前所述，即使在抽象出可知心象之后，理智也仍须转向【关于个体的】感觉图像才能实际有所认识，因为理智是在感觉图像当中认识心象。亚里士多德在《论灵魂》卷三中就提到了这一点。因此，在这个意义下，理智通过心象而直接认识的是共相，而它间接认识的则是被感觉图像表征的个体。"苏格拉底是一个人"这个命题正是这么构成的。

对反驳一的回应：对第一个反驳的回应是显而易见的。

对反驳二的回应：选择做某件个别的事情，这是实践性理智的三段论的结论。但单称命题不能直接从全称命题推导出来，而只能通过作为中介的单

---

① 选自 Thomas Aquinas. *Summa theologiae* Ⅰ, q.86, a.1. In *Opera omnia*, vol. 4 - 12. Fratres Praedicatores (ed.). Rome：Commissio Leonina, 1888—1906。标题出自原书。编译者参考的英译本是 Thomas Aquinas. *Summa theologiae: prima pars*. William H. Marshner (trans.). Washington：The Catholic University of America Press，2024。

称命题推导出来。因此,实践性理智的普遍性论证并不足以推动任何实践行动,除非它以感官对个体的认识为中介。

对反驳三的回应:个体之所以无法被认识,并不是因为它是个体,而是因为它是物质性的,因为只有非物质性的东西才能被认识。因此,如果个体(如理智)是非物质性的,那么它就可以被认识。

对反驳四的回应:较高的能力做得到较低能力可以做的事,但是以较高的方式。因此,感官以物质和具体的方式所认识之物,理智是以非物质和抽象的方式来认识的。以这种方式被认识的,就是共相。

第二章 根特的亨利

人是否能不借助光照来获得认识?①

【1】让我们考虑认识的所有对象,并将它们这样排序:在这个序列中的最后一个认识对象总能够通过前一个对象被认识。这么一来,如果对第一个对象的认识能够以纯粹自然的方式被理智获得,而无须借助任何特殊的神圣光照(divine illumination),那么后续的所有对象也能够以同样方式来被认识。因为如果一个人以纯自然方式,不借助任何特殊的神圣光照就可以认识到认识的第一原则,那么仅凭同样的纯自然方式,不借助任何特殊的神圣光照,他也能够认识到从这些原则推论出的所有结论。因为虽然这些原则对于认识的结论来说仿佛是一种光照,但如果能以纯自然方式得到这样的认识,那么当我们通过这些原则来认识结论时,就不需要什么特殊的神圣光照。

【2】反过来说,如果在一系列互相关联的认识对象中,对第一个对象的认识不能以纯自然方式,而只能借助特殊的神圣光照来获得,那么同样地,在该对象之后的所有对象也都是如此,因为它们唯有通过第一个对象才能被认识。但毫无疑问地,某些认识对象当中的第一个的确不能以纯自然方式来认识,而只能借助某些特殊的神圣光照。在信仰的情况中就是如此。因此,在这种情况下,我们应该无条件且绝对地承认:人无法以纯自然方式获得任何认识,而只能借助特殊的神圣光照。我稍后会证明这一点。

---

① 选自 Henry of Ghent. *Summa quaestionum ordinariarum*, a.1, q.2. In *Opera omnia*, vol. 21. Gordon Wilson (ed.). Leuven: Leuven University Press: 2005。标题出自原书。编译者参考的英译本是 Richard N. Bosley and Martin M. Tweedale (eds.). *Basic Issues in Medieval Philosophy*. Ontario: Broadview Press, 2006 和 Gyula Klima, Allhoff Fritz and Jayprakash Vaidya (eds.). *Medieval Philosophy: Essential Readings with Commentary*. Malden: Blackwell Publishing, 2007。

【3】但有些人想将这种认识模式扩展到一切可知物。他们认为，如果没有借助某种超自然之光注入的特殊神圣光照，人就无法以纯粹自然方式认识任何真实事物。他们相信这种观点正是奥古斯丁的意思，因为后者主张任何看到真实事物的人，都要通过第一真理、永恒规则或永恒光芒来看到它。正如奥古斯丁在《上帝之城》卷十一中所说，"我们有理由说，非物质的灵魂被上帝单纯智慧的非物质之光照亮，就像物质的空气被物质的光照亮一样"。

【3.1】主张这种看法的人大大贬低了被造物智慧的价值和完满性，因为每个在形式上完满的自然物都应该有与之相称的、专属于它的自然活动，而且它能够以纯自然方式、通过这些活动获得自然的完善。这在所有其他自然物的情况下都是显而易见的。大马士革的约翰（John of Damascene）在《箴言四书注释》卷一中就说，"性质不同的事物，其活动方式也不同，因为实体不可能没有自己的专属活动"。他在《论基督的双重本性和意志》第四章中还说，"【人的】本性不可能不拥有那些专属于它的自然特征，例如生命、理性、意志。不会理性思考的人其实并不是人，因为没有任何人不会理性思考，不论他是否精于此"。而且正如亚里士多德在《论灵魂》卷一中指出，认识是理智"高于一切"的专属活动。因此，如果一个人以纯自然方式不能获得认识，那么其他任何运作也都不能。这样一来，人就会低于其他所有生物，但这是荒谬的。正如亚里士多德在《论天体》卷二中所说，全然完善之物不需要任何活动来使其成为善，而且它是其他所有事物的第一因，它们都因它而完善。因此，其他所有事物都需要自己的专属活动，以便趋向那全善之物，并尽可能分有它的神圣存在，因为万物皆渴望它，并且不论它们依其本性进行了什么活动，它们都是因它才这么做的。

【3.1.1】为上述观点辩护的人或许会说，虽然"理智和人类灵魂的专属自然活动在于认识真实之物，它们借此获得自身的完善"这个说法正确，但由于认识活动的卓越性①和价值，所以人还需要特殊的光照，尽管其他存在物会通过纯粹自然的方式来实现它们的活动。之所以如此，是因为它们的活动

---

① 译注："卓越性"（eminence）是一个和"完满性"（perfection）相关的概念。某个完满性在形式上存在于某物当中，当且仅当它是该物实际拥有的因果性质。而某个完满性卓越地存在于某物当中，当且仅当该物并不实际拥有它，但能够使得其他事物实际拥有它。以烧柴火取暖为例，"发热"这个完满性在形式上存在于火当中，而卓越地存在于木材中。

并不完善。毕竟,一物需要较多活动来完成较大善,而另一物则需要较少活动来完成较小善,这本来就不荒谬。

【3.1.1.1】但这种论点是荒谬绝伦的,是对理性灵魂的价值的极大贬损。如果其他低等存在物能通过纯自然方式来进行某种和其本性相称的活动,那么否认理性灵魂也能这么做就是极其荒谬的。这种论点意味着理性灵魂不仅不能以纯自然方式进行超出其性质的卓越活动,而且它甚至无法进行和其本性相称的活动。的确,宣称上帝创造了人的灵魂和其他自然物,却又没有为它提供自然工具而使之能进行任何适合于它的自然活动,这种说法是非常荒谬的,因为上帝也为其他低等事物提供了相应的工具。毕竟,上帝比自然更加不会做任何无意义的事情,也不会提供不了事物所需之物。但人类灵魂的正常自然运作就在于认识事物。因此,我们必须无条件地承认,一个没有接受任何特殊神圣光照的人仍然能够以其灵魂来认识某些东西,并且能够以纯自然的方式来做到这一点。若持相反的看法,就是对灵魂和人性价值的严重贬低。

【4】当我说"以纯自然方式"时,我并不是要排除第一理智体的一般性影响,因为第一理智体是每个理智和认识活动的第一动因。因此,正如第一推动者推动了每个自然物的每个运动,同样地,有助于认识的一般性影响也并不和基于纯自然方式的认识冲突,因为人在认识所有他以自然方式认识的东西的时候,都会受到这种帮助的影响。因此,我们应该说,人借助上述影响而认识的所有事物,他也都以纯自然方式来认识。

【5】现在,如果我们把"认识"广义地界定为对于事物的每一种"确定认识"(certain cognition),以至于感性认识也被视为一种认识,那么只要某个认识来自感官和感性认识,我们显然就应该无条件地宣称:人可以通过确定的感性认识来认识某物。此外,这种确定认识还来自纯自然方式,因为最初的可感物以纯粹自然的必然性在感官上留下印象,并且正是由于这些可感物,所有随后的可感物才能以自然的必然性在外感官和内感官上留下印象。

【6】另外,严格意义下的"认识"指的是理智的知性认识。对此我们必须做出进一步的区分。虽然除非一物为真,否则它无法被认识(根据奥古斯丁的《八十三个杂题》第五十四题),但"认识在某个被造物当中为真的那个东西"是一回事,而"认识被造物的真理"又是另一回事。与此相应,我们通过一种认识来认识事物,并通过另一种认识来认识事物的真理,因为虽然每一

种认识能力都通过它的认识来把握某个真实存在之物,但它并没有因此就认识到该物的真理。毕竟,即使野兽的感官也能很好地把握到事物当中为真的东西,如真的人、真的木头、真的石头。尤其感官的专属对象对它们来说就必然为真。但它们仍然无法把握或认识任何事物的真理,所以也无法对任何事物做出"它究竟是什么"的判断,例如对一个人做出"它是真的人"的判断,或者对一个颜色做出"它是真的颜色"的判断。①

因此,我们可以通过对被造物的知性认识来获得两种认识:一种是通过简单的认识来认识一物是什么;另一种则是通过组合和分解的认识来认识一物的真理。在第一种认识情况下,我们的理智完全跟随感官,因为理智中的所有概念最先都出现在感官中。只要这么做,那么通过想象或认识事物的本来面目,理智就可以像它跟随的感官一样是真实的。

【7】尽管如此,理智并不能借由感知一物来做出确定的判断进而认识某物的真理,例如某物是真的人或真的颜色。这有两个原因,一个和理智本身有关,另一个和可知物有关。

【7.1】和理智有关的原因是:理智并不是通过简单的认识,而是唯有通过组合和分解才能形成真理。哲学家在《形而上学》卷六中就主张这个论点,而我在后文也会解释这一点。因此,正如感官之所以被称为"真",是因为它如其所是地把握事物,而不是因为它把握了事物的真理,同样地,跟随真感官的简单认识之所以被称为"真",也是因为它如其所是地把握事物,而不是因为它把握了事物的真理。

【7.2】和可知物有关的原因则是:一物借以是其所是的概念并不是该物借以被称为真的概念,尽管这两个概念在一切事物当中都重合并且是可互换的②,因为每个存在物都是真的,且每个真的东西都存在。正如《原理书》(*Liber de causis*)命题一所说,第一个被造物是存在,所以理智所能把握的首要概念是"存在物"这个概念。人们可以认识这个概念,而不需要认识包含于

---

① 译注:根据亨利的说法,上述两种真理的区别在于:第一种真理是感官的对象,因为感官感知的是"其对象存在""有这个对象"这么一回事;第二种真理则是理智和判断的东西,因为理智认识的是"其对象(的本性)是什么"的命题性认识。

② 译注:所谓"两个不同的概念可互换"的意思是它们有不同内涵或意义,但有相同的外延或指称。根据关于超范畴物的理论,任何东西都是存在物,也都是一。因此,对任何东西而言,"存在物"和"一"这两个概念都是可互换的,因为尽管它们是不同的概念,但它们的外延都是同一个东西。另参见词汇表的**超范畴物**。

其中的其他概念,因为存在物本身不包含其他任何东西,而是被包含在所有其他东西中。因为虽然"存在物"这个概念只有通过"真"这个概念才能被认识(因为"真"是理智的专属对象),但"存在物"借以被认识的"真"并不像"存在物"一样是理智的对象,因为"真"关乎所有事物的可知性,而理智的对象却是"真的存在物"或"真的善"等和事物其他概念相关的概念。① 因此,"存在物"这个概念被包含在事物的所有其他概念当中,不论这个概念是普遍的还是个别的,因为如果一个东西不是存在物,那么它就什么都不是。正因如此,注释家对《原理书》命题一做了如下解释:"'存在物'的特性就在于它比其他概念更根本地属于事物。"

理智在事物中所能把握的首要概念是"存在物",紧接着的次要概念则是"一""真""善"等普遍概念。这在不同方式和次序上都是如此,因为一切适用于"存在物"这个概念的存在物都可以通过以下三种方式来考虑。

第一,一切存在物依其本性都有确定(determinate)的存在,其存在因其形式而不可分割,并且和其他事物分开。在这个意义下,"一"这个概念就适用于一切存在物,因为每个存在物,就其在形式上不可分割、同时和其他事物分开而言,都是一。哲学家在《形而上学》卷三中说:"独立存在之物就是一。"

第二,一切存在物在其存在中都包含该物的原型所代表的东西。在这个意义下,"真"这个概念就适用于一切存在物,因为一切存在物皆为真,只要它本身包含了它的原型所代表的东西。

第三,就一切存在物所指向的目的而言,"善"适用于一切存在物,因为一切存在物都是善的,只要它指向一个善的目的。

根据上述内容,"真"这个概念是从某物原型的角度来考虑该物。这个概念不是首要而是次要的,而"存在物"指的则是关于事物的首要而绝对的概念。因此,理智的确可以在"认识某物当中的存在物和为真的东西"的情形下,不认识该物的真理,因为唯有认识到该物和其原型相符,理智才能认识该物的真理。另外,事物中的"存在物"这个概念是被绝对地认识的,它不涉及事物和原型的关联。但在次要认识当中,也就是在对事物本身的真理的认识

---

① 译注:简言之,理智的认识对象被称为"存在物",而理智对该对象的认识(或所认识的东西)则被称为"真"。前者是真实的(real),在心灵之外;而后者是观念性的,在心灵之内。

中(若没有它就没有完整的人类认识),理智的认识和判断完全超出了感官的认识和判断,因为理智只有通过组合和分解才能认识事物的真理,而感官却无法如此。因此,这种【通过组合和分解的】知性认识能够以感官做不到的方式来认识事物,甚至对简单物的知性认识也做不到这一点。它可以对事物做出某种判断,进而认识其中的真理。例如,该物是一个真的人,或真的颜色,等等。

【8】那么,人是否能够以纯自然方式,而不借助任何特殊的神圣光照来获得那种认识事物真理的知性认识(这是严格意义上的知识)呢?这仍然是一个疑问,而我的看法是,如前所述,只有认识到被认识物和其原型一致,我们才能认识事物的真理。

【8.1】正如奥古斯丁在《论真宗教》第三十六章中所说,"真的事物之所以是真,是因为它们肖似它们的唯一来源"。安瑟伦也在《论真理》第七章中指出,"真理是事物和其最真实原型之间的一致"。他还在同一段落中说,"存在的东西,就其存在而言,真地存在(truly exists)"。因此,既然一物有两种原型,那么它的真理就有两种相应的被认识的方式。根据柏拉图在《蒂迈欧篇》中的观点,原型有两种:一种是被创造或建造的,另一种则是永恒不变的。事物的第一种原型是灵魂当中关于它的普遍概念,灵魂通过这个概念来认识它所表征的所有个体。这种原型是由事物引起的。第二种原型则是包含所有事物的理想范式的神圣技艺。柏拉图说工匠神(Demiurge)根据这种原型来建造世界,就像工匠根据心中技艺的范式(而不是根据第一种原型)来建造房子。

另外要注意的是,我们有两种方式来考察事物的第一种原型。第一种方式是去检查认识者外部的被认识对象,正如我们通过检查墙上画的某人的画像来识别那个人一样。第二种方式是去考察呈现在认识者内部的认识基础,例如可感物的心象在感官中,可知物的心象在理智中。

我们无法按照第一种方式,通过考察事物的原型来认识事物的真理,因为【按照这种方式,】人只能对事物有一种想象性的领会,也就是对于想象力碰巧能在心中形成的那些东西的领会。正因如此,所以奥古斯丁在《论三位一体》卷八中说,"如果一个人想象中但从未见过的某人出现在他面前,就像他所想象的那样,那么他必定会惊叹不已"。此外,如果某人知道画中人的姓名,那么他可以通过从画像接纳想象性领会,进而在那人出现在面前时对其做出判断,到了那一刻,他才首度能根据所见物本身来认清其真理,并在此基础上判断该形象是否为真,是否和所见之人相对应。据记载,正是以这种方式,坎迪斯王后在见到亚历山大之前,先命人画了一幅他的画像,于是她一看到亚历山大就认出了他,尽管他假装成别人。

按照第二种方式(即考察事物本身的原型,从而考察认识者内部的认识基础),事物本身的真理可以在某种方式下被认识,也就是通过形成与该物原型相符的心灵概念。在这个意义下,亚里士多德主张人可以通过纯自然方式获得对自然的可变物及其真理的认识。亚里士多德认为这种原型是感官从事物中获得的,它是技艺和认识的主要基础。如他在《形而上学》开头所说,"技艺是这样产生的:通过对许多经验的认识,理智针对类似事例做出一个单一的普遍判断"。他在《后分析篇》卷二中也说,"记忆来自感官,经常性的记忆又来自经验,而从经验则产生了多中的一,也就是灵魂中的共相。这便是技艺和认识的基础"。这和奥古斯丁在《论三位一体》卷十一中所说的一致:"即使被身体感知的有形体的心象不在了,它的影像也还存留在记忆当中。因此,意志会转移心灵的注意力,使记忆印在心灵上,就像被作为可感对象的外部身体印上一样。"因此,他还在《论三位一体》卷八中指出,"我们是根据种和属来思考那些自己没见到的事物,不论它们是我们生而有之的,还是从经验获得的"。也就是说,我们通过心灵当中的取自不同种的动物的普遍认识,形成了"眼前所见的某个东西是否是动物"的认识,例如通过对驴子的认识,我们形成了"眼前所见的这个东西是否是驴子"的认识。

【9】但通过这样一种在我们内部获得的原型,我们完全不可能拥有对真理的完全确定无误的认识,原因有三点,它们分别基于原型所来自的事物、接纳这种原型的灵魂,以及灵魂从事物中接纳到的原型本身。

【9.1】第一个原因:因为原型是从可变物抽象出来的,所以它必然拥有可变物的一些特征。由于自然物比数学物更易变,所以哲学家声称我们对数学物的认识比我们对自然物的认识更有确定性,而这只能归因于灵魂中心象本身的可变性。因此,奥古斯丁在《八十三个杂题》第九题中就说,"我们不应该从身体感官中寻求纯粹的真理",而且"我们应当心生警惕,要为了我们自己的缘故,把注意力从这个世界转向上帝,也就是说,转向在心中被认识的真理,它的本性是恒久不变的"。

【9.2】第二个原因:由于人的灵魂变化无常,并且会发生错误,所以没有

任何同样无常甚至更为无常的东西可以纠正它,使它不被错误误导,从而坚持正确无误的真理。因此,灵魂从自然物那里获得的所有原型都必然和灵魂一样无常,甚至更加无常,因为它们的自然等级低于灵魂,故而不能纠正灵魂而使其坚持正确无误的真理。这正是奥古斯丁在《论真宗教》中的论点,他在此证明了灵魂能够确定认识的无误真理是高于灵魂的:"显然地,由于所有技艺的法则是完全不可变的,它是高于心灵的法则,并在这个意义下被称为真理。被容许去认识这样法则的人类心灵,却会遭受错误的可变性。"只有这样,才能以正确无误的认识来纠正我们善变易错的心灵。心灵自己没有能力去判断这条法则,而反倒要依据这条法则来判断其他一切。因为心灵更善于判断低于自身的事物,而不是通过低于自身的事物去判断另一物,正如奥古斯丁在同一段落中的结论所说。

【9.3】第三个原因:由于这种原型是从可感物的感觉图像中抽象出的概念和心象,所以它既和假的东西相似,也和真的东西相似。所以就心象而言,我们无法区分这两种相似,因为我们是通过可感物的同一个感觉图像,在睡眠和疯狂中判断该图像就是事物本身,并且也在清醒时判断图像是事物本身。但我们无法认识纯粹真理,除非我们能够区分真假。因此,我们不可能通过这种原型来获得对真理的确定认识。所以,若要对真理有确定认识,心灵就必须远离感官、可感物和一切概念,不论这些概念有多么普遍、多么远离感官,然后转向心灵之上的不变真理。正如奥古斯丁在《八十三个杂题》第九题中所说,"真理不可能和虚假有任何相似,因为真和假是不同的"。

第三章 约翰·邓斯·司各脱

对亨利光照论的反驳①

【1】在第四节,我对【亨利】观点的反驳如下:我反问,确定和纯粹的真理指的究竟是什么?

【1.1】或者它指的是无误的真理,即排除所有怀疑和欺骗的真理。但在这种情况下,我已经在前面第二节和第三节中证明并宣布:这种真理在纯粹自然的基础上是可能的。或者确定和纯粹的真理指的是作为"存在物"这个概念的属性的真理。在这种情况下,既然我们可以认识"存在物"这个概念,我们当然也可以认识它的属性"真"。而如果我们知道"真"这个属性,我们也可以通过某种抽象作用来认识真理,因为任何一个可以在主词中被认识的形式,其本身也可以从主词中抽象出来被认识。② 又或者确定和纯粹的真理指的是认识和原型之间的一致。如果这里的原型是被创造的,那么我们就已经论证了我们想要证明的论点。而如果原型不是被创造的,那么除非这个原型先已被我们认识,否则我们无法认识真理和原型的一致,因为除非关系中的关系项已经事先被认识了,否则关系本身无法被认识。因此,说某个永恒原型是我们在原型本身不被认识的情形下得以认识某物的理由,这种假设是

---

① 选自 John Duns Scotus. *Ordinatio* Ⅰ, d. 3, q. 4, a. 4 – 5. In *Opera omnia*, vol. 3. P. C. Balic (ed.). Civitas Vaticana:Typis Polyglottis Vaticanis, 1954。标题由编译者拟定。参考的英译本是 Richard N. Bosley and Martin M. Tweedale (eds.). *Basic Issues in Medieval Philosophy*. Ontario:Broadview Press, 2006 和 Gyula Klima, Allhoff Fritz and Jayprakash Vaidya (eds.). *Medieval Philosophy: Essential Readings with Commentary*. Malden:Blackwell Publishing, 2007。

② 译注:例如,如果我们拥有"苏格拉底是人"这样的认识,那么我们也拥有对于"人"本身的认识。

错误的。

【1.2】第二个证明是:在简单的认识活动当中被含混地(confusedly)认识的一切东西,都可以通过定义或分析而在关于已知物的定义当中来被认识。这种定义性的认识似乎是简单理智最完善的认识。但理智可以从这种关于词项定义的最完善认识去最完善地认识原则,进而认识结论,而知性认识至此似乎就臻于完善了。因此,对这些真理之外的其他真理的认识似乎就是不必要的。

【1.3】第三个证明是:亨利所说的"永恒之光"是获得纯粹真理的必要之物。现在,它或者产生了某个在本性上先于认识活动的东西,或者没有。如果有,那么这个东西或者在对象中、或者在理智中被产生。但它不能在对象中被产生,因为就对象存在于理智当中而言,对象并没有真实存在,而只有观念性存在,故而也不可能拥有任何真实的偶性。而如果这个东西是在理智中被产生的,那么永恒之光只有通过其结果的媒介才能转化为理智,使其认识纯粹真理。若是如此,那么这似乎就相当于那种把认识归于永恒之光的常见看法,因为这种看法也认为认识是通过主动理智来获得的,而主动理智正是永恒之光的结果,并且是比偶然的被造之光更完善的结果。另外,如果永恒之光不产生某个在本性上先于认识活动的东西,那么或者它单独导致认识活动,或者它和理智及其对象一起导致认识活动。如果永恒之光单独导致认识活动,那么主动理智在认识纯粹真理方面就没有起任何作用。但这似乎没有道理,因为主动理智是我们理智最重要的功能。因此,作为我们灵魂中最重要认识能力的主动理智就必须以某种方式和永恒之光一起导致认识活动。

【1.4】我们还可以用另一种方式来证明亨利的论点蕴含了上述荒谬情形【即"主动理智没有起任何作用"】。根据亨利的看法,任何使用工具的活动者,其活动都不能超出该工具的活动。① 因此,既然主动理智本身无法认识纯粹真理,那么使用主动理智的永恒之光同样无法产生这种认识,而且也无法在使用主动理智的情形下仍然和认识纯粹真理的活动有任何关联。或许你会反驳说永恒之光是和理智及其对象一同导致了纯粹真理。但这种说法其实就相当于那种主张永恒之光是产生所有确定真理的远程因的常见看法。因此,亨利的论点或者不自洽,或者和上述常见看法没什么不同。……

---

① 译注:例如,如果取暖者用电毯取暖,而电毯的最高温只有 50 摄氏度,那么取暖者用电毯取暖时的最高温度就不会超过 50 摄氏度。

【2】至于原本的问题【即"人是否能不借助光照来获得认识"】,我的看法是,鉴于奥古斯丁所说,我们应该承认人通过永恒法则来认识无误真理。所谓"通过"的意思是"通过某个东西",而我们有四种方式来理解"通过某个东西",即通过邻近对象、通过包含邻近对象的东西、通过邻近对象赖以推动理智的媒介,以及通过远程对象。①

【2.1】按照第一种方式【即"通过邻近对象"】,我认为所有的可知物都由于神圣理智的活动而拥有可知的存在。在这些可知物当中,所有关于它们的可被肯定的真理都是可见的。因此,当理智认识到这些可知物并借此认识了关于它们的必然真理时,它便是通过这些可知物来看见真理,仿佛这些可知物就是理智的对象一样。但就这些可知物是神圣理智的次要对象而言,它们就是真理,因为它们符合神圣理智的原型。② 同样地,它们也是光,因为它们是自明的。它们还是不可变和必然的,尽管只是相对而言,因为永恒是真实存在物的特征,而这些可知物只有在相对意义下才存在。因此,我们通过永恒之光来看见事物的第一种方式便是通过神圣理智的次要对象,而这个对象便是上述的真理和永恒之光。

【2.2】按照第二种方式【即"通过包含邻近对象的东西"】,我们显然也是通过神圣光照来获得确定认识,因为神圣理智就像一本书般包含了这些真理。奥古斯丁在《论三位一体》卷十四中说,"这些法则被写在永恒之光的书中"——也就是在包含这些真理的神圣理智当中。虽然这本书本身没有被看见,但那些写在这本书中的真理是被看见的。在这个意义下,我们的理智可以说是通过永恒之光来看见真理,也就是通过这本书来看见事物,仿佛这本书是某个包含所见之物的东西。

奥古斯丁在《论三位一体》卷十二中曾说正方体的定义是不可毁坏、不会变化的。这句话似乎可以用以上两种方式中的任何一种来解释,因为只有当正方体的定义是神圣理智的次要对象时,它才是不可毁坏、不会变化的。

---

① 译注:司各脱在这里将认识过程视为由心外之物在认识者心灵当中产生认识的因果序列,因此最接近认识者的认识对象被称为邻近因,离认识者最远的认识对象被称为远程因。例如,当我通过心灵中鸟的可知心象认识天上的鸟的时候,心灵中的心象是邻近因,天上的鸟是远程因。

② 译注:神圣理智的主要对象是神圣理念或原型,次要对象则是依据原型所造的可知物。

但第一种解释似乎有问题。我们无法看见神圣理智当中的真理,因为我们无法看见神圣理智本身。既然如此,我们怎么可能通过永恒之光来看见那些存在于其中的真理呢?毕竟,它们是作为神圣理智的认识对象才存在于神圣理智中,而我们却只有通过某种相对意义下的永恒之光才能看见它们。

【2.3】针对上述反驳,我们可以按照第三种方式【即"通过邻近对象赖以推动理智的媒介"】做出以下回应。就它们是神圣理智的次要对象而言,上述的可知物只在相对意义下存在,而仅在相对意义下存在的东西,就其以这种方式存在而言,并不能进行真正的活动。如果它们进行了任何活动,那么它们都必须先凭借某种在绝对意义下存在的东西。因此,确切地说,除非凭借神圣理智的力量,否则这些次要对象并不能推动理智,因为神圣理智是绝对存在的,而可知物唯有通过它才能在相对意义下存在。因此,我们一方面通过相对意义下的永恒之光(即邻近对象)来看见真理,而另一方面,根据第三种方式,我们也通过【绝对意义下的】非受造之光(即邻近对象赖以推动理智的直接因)来看见真理。

此外,就永恒之光是我们所见对象本身的原因而言,我们也可以按照第三种方式通过永恒之光来看见真理,因为神圣理智使这些对象成为可知物。它使这个对象成为这种可知物,并使另一个对象成为另一种可知物,并借此给了它们可知内容,而可知物正是通过其可知内容来推动理智去获得认识。此外,确切地说,我们的理智确实是通过永恒之光来看见真理,因为光是认识对象的原因。这一点从以下比喻来看也是很清楚的,我们会说认识者是通过"主动理智的光"来获得认识,但这种光其实只是认识的"主动原因",也就是使潜在对象成为现实的原因,或推动对象的原因,或两者兼而有之。

这么说来,神圣理智(即真正的永恒之光)就拥有双重的因果性,它使次要对象成为可知物,并且它还是这些次要对象实际上推动理智的原因。这正是我们按照第三种方式来诠释"通过永恒之光"的理由。

【2.3.1】但也许有些人会基于以下理由来反驳第三种方式:我们应该是通过上帝的意志,或者通过作为意志的上帝来看见真理,而不是通过神圣理智,因为上帝的意志是指向祂外部某个东西的一切活动的直接原理。

【2.3.1.1】我的回应是:神圣理智在神圣意志的活动之先就使得对象成为可知物。就此而言,神圣理智似乎只是这些对象的自然因,因为只有在某个对象预设了神圣意志的活动时,上帝才是该对象的自由因。现在,正如神

圣理智在意志活动之先使得对象成为可知物,同样地,它似乎也作为先前因而与可知物一同产生其自然结果,这个结果是:一旦可知物被认识,进而形成命题,这些可知物就导致了被认识的命题与自身(或与之对应的词项)一致。因此,说理智形成了一个命题,但这个命题与其词项不相符,这显然是荒谬的(尽管理智可能并没有形成命题或理解其中的词项)。因为虽然当理智在组合或分解词项时上帝自由地与其协作,但一旦词项形成命题,那么词项和命题之间的一致性就必然来自词项本身的意义,而词项之所以有这些意义,则是因为上帝的理智赋予了可知物这些意义。

由此我们可以明白为什么理智不需要特殊的光照就能看到永恒法则。奥古斯丁假定了我们在永恒法则当中看到的无非就是其词项必然包含的真理。现在,正是在这样的真理中,我们拥有结果和其邻近因(即命题的真理所关乎的对象)、远程因(即产生推动理智对象的神圣理智)之间的最大必然性。诚然,感知这种真理的必然性并不太大,所以我们可能对其无所感知。尽管如此,这里还是有一种来自邻近因(词项的可知性)并且受到远程因(赋予可知性的神圣理智)协助的必然性。因为一旦词项被把握并形成命题,它们自然就能够显现词项和命题之间的一致性,即使上帝在和词项共同产生其结果时是通过一般性的影响而非自然的必然性。但不论上帝在和词项共同产生其结果时借助的是一般性的影响还是自然的必然性,特殊光照显然都不是必要的。

奥古斯丁在《论三位一体》卷四中对异教哲学家的评价清楚证明了他上述的假定是正确的:"他们【异教哲学家】中的某些人已经能够看穿和超越所有被造物,并以他们的心灵之眼至少在某种程度上达到了永恒真理之光。他们以此嘲笑那些只凭着信仰来生活的基督徒,认为他们无法做到这一点。"奥古斯丁的意思是,基督徒没有在永恒法则中认识到他们相信的事物,但哲学家从中看到了许多必然真理。《论三位一体》卷九中的这段话也表达了同样的意思,"不是在任何特定个人的心灵当中……",也就是说,在心灵当中的不是偶然真理而是必然真理。在同一部著作卷四当中,他还这么批评那些哲学家:"他们是否亲见这些永恒原型,从它们那里得知有多少种动物、每种的种子起源为何?……他们知道这些事,并不是借着那不变的智慧,而是借着空间和时间的实际历史,或是相信别人的发现和记录。"他的意思是,偶然真理不是通过永恒规则而是通过感官或他人证言来认识的。但信仰的对象比必然真理更加需要特殊的光照。对必然真理而言,这种特殊光照是最没必要的,因为一般性的光照就足够了。

【2.3.1.1.1】对上述看法的反驳是:为什么奥古斯丁在《论三位一体》卷十二中说"只有少数人才能用他们的心灵之眼获得可认识的真理",还在《八十三个杂题》第六十六题中说"只有借助灵魂的纯粹性才能获得它们"?

【2.3.1.1.1.1】我的回应是,奥古斯丁所说的这种纯粹性并不是指不沾染罪恶,因为根据他在《论三位一体》卷十四中的看法,罪人在永恒法则中明白了善人必须做什么及其对事物的看法。奥古斯丁在《论三位一体》卷四中也指出,即使哲学家缺乏信仰,他们仍然是通过永恒法则来看见真理。他还认为,任何人都不可能像柏拉图一样明智,除非他拥有了对观念的认识。由此可知,这种纯粹性指的应该是:理智上升至更高层次,从而能够沉思真理本身,而不只是真理在感觉形象中出现的样子。

在这里必须记住,心灵外部的可感物造成的是一种含混的感觉图像,它只拥有想象力的偶然统一性,因为想象力是根据事物的数量、颜色和其他可感觉的偶然性质来表征事物的。而正如感觉形象只是根据偶然的统一性来含混地表征事物,同样地,许多人【从感觉形象那里】感知到的也是这种偶然性的统一体。但主要真理之所以是主要的,正是因为理智是根据其中词项的专属性质来把握它们,而不去考虑其他一切附带的偶然性质。举例来说,"整体大于部分"这个命题的主要真理并不是基于个别的石头或木头,而是基于抽象的"整体"这个概念(即排除了偶然与之相连的所有事物)。因此,如果心灵未曾认识整体而只拥有个别石头或木头的概念,那么它永远不会真正认识"整体大于部分"的纯粹真理,因为这项原理的真理依赖于其中的词项,而心灵却永远无法掌握这些词项的准确本性。只有少数人能够认识永恒规则,因为他们拥有对事物本身的认识,而大多数人却只从偶然概念来认识事物。但这些少数人和其他人的区别并不在于特殊的光照,而在于更好的自然能力。这或者是因为他们有更敏锐、更抽象的心灵,或者是因为他们进行了更深入的研究,这使得一个人能够了解另一个同样有才华的人没有发现的本质,因为后者并没有对它们进行研究。

根据上述内容,我们可以更好地理解奥古斯丁在《论三位一体》卷九中关于山顶某人看到上方的光和下方的雾的那段话。只认识感觉形象所代表的偶然概念的人,就好比是那在山谷中被雾包围的人一样。而当他认识到事物本身时,他就区分了事物的本质和与其感觉形象关联的种种附加偶然性质。对这样的人来说,感觉形象就仿佛是脚下的云雾,而他自己却在山顶,因为他能够通过永恒智慧、永恒之光来认识真理,并且从上方(更普遍的真理)来认识真的事物。

【2.4】最后,【按照第四种方式,即"通过远程对象"】我们可以承认:纯粹真理是通过作为远程对象的永恒之光来被认识,因为永恒之光是思辨事物的终极来源和实践事物的最终目的。正因如此,思辨和实践事物的首要原则都来自永恒之光。因此,如果借以认识这些事物的认识原则是基于永恒之光,那么这种认识就先于那种基于它们专属范畴的认识原则的认识,且比它们更加完善。在这个意义下,对一切事物的认识都属于神学的范围。

通过这种方式,神学家能够认识一切事物,纯粹真理也得以被认识,因为在这种方式下,只有真理本身是被认识的,不掺杂任何其他东西,因为它是通过第一存在物(the First Being)而被认识的。而一旦第一存在物被认识了,那么以这种完满方式来认识的原则就可以从中推导出来。但以类的方式来认识事物的原则是推导自其他一切事物,我们由此而获得的真理是有缺陷的。

但正如我们在讨论关于神学的问题时所说的,只有上帝才能以这种完满方式纯粹地认识所有事物,只有祂才能通过祂的本质准确认识所有事物。然而我们也在讨论关于神学的问题时提到,任何理智都可以被某个对象推动,进而认识到某个东西是因为上帝而为真,而神学家拥有的就是这种关于一切事物的认识。因为知道"三角形内角和等于两个直角的总和",且知道这么一回事是对上帝的分有,知道它在宇宙中拥有这样一种秩序,以至于它更完满地表达了上帝的完满性——这种认识比根据三角形的概念本身而知道"三角形内角和等于两个直角的总和"更为高贵。同样地,知道人应该节制生活以获得至高无上的幸福,知道幸福就在于拥有上帝的本质,这是一种比根据某些道德习俗的原则(例如人必须正直地生活)来认识这一实践真理的更完满的方式。

在《论三位一体》卷十五中,奥古斯丁也以这种方式谈到被认识的永恒之光。他是这么说的:"所以,你就看见了许多真实之物,并将它们与你得以看见它们的光区别开来。你也将看出上帝圣言的诞生是如何不同于上帝恩赐的生发。"他接着说,"这些事物和那些事物都有向你内在之眼显示的光。那么,如果你不能久久凝视它,原因除了你自己的软弱之外,还会是什么呢?"

第四章 奥康的威廉

直观认识,以及对抽象论的批评[①]

【1】我在这里假设心象是在认识活动之前就出现并且可以在认识之前和之后持续存在的东西,即使事物本身并不存在。因此,心象和习性是不同的,因为理智的习性跟随在认识活动之后,而心象却先于活动和习性。

【2】按照上述假设,并且把关于天使理智的问题【即"天使在认识自身之外的事物时,是通过自己的本质,还是通过事物的心象?"】延伸至人类理智,有一种常见的看法认为,我们必须设定某种烙印在理智上的心象,如此才能解释认识如何产生。[②] ……

【3】针对第二个问题【即"相较于较低位阶的天使来说,较高位阶的天使是否能通过较少的心象获得认识?"】,他【即阿奎那】提出以下看法:较高位阶的天使的确比较低位阶的天使通过较少且较普遍的心象来获得认识,因为处于理智顶峰的第一因只通过一个东西——也就是祂自己的本质——来认识一切,而第一因之外的一切理性存在物都是通过多个东西来认识众多事物。理性存在物越接近第一因,它在认识事物的时候需要依赖的因素就越少。但较高位阶的天使在完满程度上比较低位阶的天使更接近第一因。因此得证。……

[①] 选自 William of Ockham. *Reportatio* Ⅱ, q. 12 – 13. In *Opus theologica*, vol. 5. Gedeon Gál, et al. (eds.). St. Bonaventure: The Franciscan Institute, 1981。标题由编译者拟定。参考的英译本是 Arthur Hayman, James J. Walsh and Thomas Williams (eds.). *Philosophy in the Middle Ages: The Christian, Islamic and Jewish Traditions* (3rd edition). Indianapolis: Hackett Publishing, 2010。

[②] 译注:奥康所谓"常见的看法"指的是阿奎那等人的论点。

【4】精微博士①同意阿奎那关于第一个问题的常见看法,并且提出了和上述论证不同的证明。不过他反对阿奎那针对第二个问题的论点。

【5】就上述常见看法的第一部分【即"唯有设定心象才能解释认识如何产生"】而言,我认为我们显然不能用自然原因来反驳它。但在我看来,相反的看法似乎更合理,因为若无必要就不应设定更多的事物②,而一切能用心象来解释的情形都可以不通过心象来解释。因此,我们不需要设定心象。

【6】在解释这个问题【即"是否需要用心象来解释认识的产生"】之前,我首先做出一些区分。第一个是对直观认识(intuitive cognition)和抽象认识(abstract cognition)的区分。如果某物存在,那么通过直观认识我们就会认识到它存在;而如果它不存在,那么通过直观认识我们就认识到它不存在。因为当我以直观认识完满地认识到端项(extremes)③时,我可以立即形成关于这些端项是否被结合起来的命题,并对此做出同意或反对。例如,如果我直观地认识到一个物体和白色,那么理智就可以立即形成这个命题,"物体是白色的"或"物体不是白色的",而这些命题一经形成,理智就能立即做出同意,而这正是凭借它对于端项所拥有的直观认识。这就好比我们在认识了某个认识原则(如"每个部分……")当中的端项并将这些端项形成命题之后,理智立即就能够凭借它对端项的认识而对命题做出同意。

我们要注意:通过我们的感官和理智,某些简单物可以被直观地认识,而理智进而形成关于那些被直观认识的简单物的命题,并对命题做出同意。但尽管如此,命题的形成和对它的同意都不属于直观认识。正相反,它们都是复合认识(complex cognition),而直观认识则是简单认识(incomplex cognition)。现在,如果一切复合认识和简单认识不是直观的就是抽象的,那么命题和对命题的同意就应该属于抽象认识,而且一切复合认识——不论它们涉及的是事物的临现(这包含了对端项的直观认识)还是没有临现(这就不包含直观认识)——也都是抽象认识。

这么说来,我们就必须承认,一切直观认识,不论它是通过理智还是通过感官,都是以上述方式获得的抽象认识的部分成因,因为任何结果都充分地

---

① 译注:"精微博士"(the Subtle Doctor)指的是司各脱。
② 译注:这个方法论原则就是所谓的"奥康的剃刀"。
③ 译注:"端项"指的是命题当中的主词或谓词。奥康在这里进一步将"端项"理解为主词或谓词指称的东西。

依赖它的本质因。一旦本质因被设定了,我们就可以进而设定结果,而如果本质因没有被设定,那么结果就不可能被自然地设定,而且如人们常说的,它不依赖本质因之外的其他东西。除非先行给定对每个端项的认识,否则我赖以对"这个物体是白色的"这个命题做出明显同意的认识将无法自然存在,因为如果那个物体不存在或直观认识受损,那么理智就无法明显同意自己先前所见的物体是白色的,因为理智根本不知道它是否是白色。但那种用以形成命题的领会性认识不是直观认识,它既没有知性的部分因,也没有感性的部分因,因为任何可由它们形成的命题都可以不由它们形成。也就是说,不论知性的部分因和感性的部分因是否存在,领会性认识都可以形成。

因此,显而易见,我们是通过直观认识在某物存在时判断该物存在,不论这种直观认识是自然形成的,还是以超自然方式、只通过上帝形成的。如果直观认识是自然形成的,那么除非其对象的确存在而且临现在邻近处,否则它是不可能的,因为对象和理智之间的距离可能使得直观认识无法自然形成。而如果对象邻近理智,那么理智就可以通过同意做出对象存在的判断。如果直观认识是超自然地形成的,例如当上帝在我的理智当中产生了对位于罗马的某物的直观认识,那么我一旦拥有了这个直观认识,我就可以马上判断该物是存在的,仿佛这认识是自然形成的一样。

【6.1】但你或许会反驳说,【在超自然形成的直观认识中】对象并没有临现在理智面前,也没有处于所需的邻近处。

【6.1.1】我对此的回应:诚然,除非对象存在于所需的邻近处,否则直观认识无法自然形成,但直观认识本身仍然可能超自然地形成。因此,司各脱对直观认识和抽象认识所做的区别(即直观认识是关于临现和存在的东西,因为它是现时和存在的)只适用于自然引起的直观认识,而不适用于超自然引起的直观认识。因此,在绝对意义下理解,除了可以终止直观活动的东西之外,直观认识不需要其他东西的临现。

和上述结论一致的论点:对象大可以什么都不是,甚至处于最遥远之处,但只要按照上述【超自然的】方式,那么我仍然能立刻做出它存在的判断。尽管如此,由于直观认识只有在对象位于邻近处、在一定距离内的时候,才是自然地形成和被保存的,所以除非对象临现于我,否则我无法对被自然地直观认识的东西做出判断。同样地,如果某个东西不存在,那么我可以通过直观认识判断它不存在,但这种认识不可能是自然形成的,因为只有在对象存在或临现的情形下认识才是自然地形成和被保存的,所以一旦对象不临现,那么自然形成的直观认识也就被毁坏了。而假如在对象不临现之后直观认识仍然持续存在,那么这种直观认识的保存就是超自然的,尽管其成因并不是。此外,如果某物不存在,而我通过直观认识知道它不存在,那么这个直观认识或者是以超自然方式形成或被保存的,或者既以超自然方式形成,也以超自然方式被保存。

举例来说,如果上帝在我的理智中形成、保存了关于某个不存在之物的直观认识,那么我就可以通过这个认识来做出该物并不存在的判断,因为我直观地看见了它。而在形成"这个东西并不存在"的命题之后,理智就立即依据之前的直观认识同意这个命题并反对相反的命题。因此,正如先前所说,直观认识是理智同意的部分因。因此,当理智对"我直观认识到的东西什么也不是"做出同意时,这是就超自然的保存而非形成来说的。如果对某个东西的直观认识起初是自然形成的,但在该物毁坏之后上帝以超自然方式保存了对其的直观认识,那么就形成而言它就是自然认识,但就保存而言它则是超自然认识。同样的道理也适用于所有情形,仿佛认识是超自然地形成的,因为我可以通过这种方式判断一个存在的东西是存在的(不论它离我有多远),或者判断一个不存在的东西是不存在的(即使它已毁坏了)。所以,在某个意义下,我们必须承认我们是通过自然的直观认识来判断一个不存在的东西不存在,因为这个认识是自然形成的,尽管它是以超自然方式被保存下来。因此,我们显然是通过直观认识知道存在的东西存在、不存在的东西不存在。……

【7】我要提出的第二个区分是关于认识的理由。在第一个意义下,认识的理由先于一切认识活动。因此,一切认识的部分因,不论是理智还是对象甚至上帝,都被称作认识的理由。在第二个意义下,认识的理由则不同于可能理智,因而是认识活动的动力因。在这个意义下,对前提(principle)的认识就是对结论的认识的原因。而在第三个意义下,认识的理由和主动理智、可能理智都不同,尽管对认识来说,它们和认识原则一样都是不可或缺的。

基于上述讨论,我提出以下论点:

【8】第一个论点:为了获得直观认识,我们不需要在理智和被认识物之外再设定其他东西,尤其是心象。

【8.1】对此的证明:用较多东西去完成能用较少东西完成的事是多此一

举的,而直观认识可以不需要心象,只由理智和被认识物完成。因此得证。上述证明的前提已经在前面证明了,因为充分的主动因素和被动因素就可以产生结果,无需其他因素,而主动理智和对象就是认识的充分主动因素,被动理智则是充分的被动因素。因此得证。

【8.2】另一个证明:除非有来自经验或由自明前提推出的论证,否则某物不应被设定为某个结果的自然不可或缺之物。但心象的设定并不是来自经验或由自明前提推出的论证。因此得证。对上述前提的证明是,心象并不来自经验,因为经验包含了直观认识,以至于只要某人经验到某物是白色的,他就会看到【即直观地认识到】白色在该物当中。但没有人能直观地看到心象。因此,心象并不来自经验。

【8.2.1】或许你会反驳说,某种非视觉的内感官或外感官能产生经验认识,但不是通过直观认识。

【8.2.1.1】我的回应是,如果任何一个感官当中的认识能让我们知道某个存在的东西存在或不存在的东西不存在,那么这种认识就既是经验的也是直观的,因为我们是通过直观认识才知道某个东西存在或不存在。因此,我主张:不论是内感官还是外感官都能产生直观认识,也就是我们赖以知道某个存在的东西存在或不存在的东西不存在的认识,即使它不是视觉性的直观认识。很多人在这一点上都搞错了,因为他们误以为直观认识都是视觉性的。

【8.3】此外,由自明前提推出的论证也无法证明心象的不可或缺,因为除非心象是认识的动力因,否则没有任何论证能够证明心象对认识来说是不可或缺的,因为根据司各脱的论证,任何结果都充分地依赖其本质因。但若要证明某个被造物是动力因,我们无法使用演绎法,而只能诉诸经验,也就是通过这个方式:当某个被造物临现时,另一物随之出现;当其不临现时,该物也随之消失。问题是,只要有对象的临现和理智,那么即便没有心象,认识活动仍会随之出现,且这种认识活动就和来自心象的认识活动一样。因此得证。

【8.4】再者:如果心象是直观认识所需的动力因,那么既然心象可以在对象不存在的情况下被保存下来,它就会在对象不存在的情况下自然地引起直观认识,不过这是错误且违反经验的。

【9】第二个论点:为了解释抽象认识如何产生,我们必须在对象和理智之外设定一些预先存在的东西。

【9.1】对此的证明:如果某个能力及其对象如同先前一样持续存在,但此刻出现了先前没有的东西,那么这个能力就可以完成它先前无法完成的事情。但对象在直观认识形成后并且持续存在时,拥有直观认识的理智可以进行抽象的认识活动,而没有直观认识的理智则无法进行抽象的认识活动。因此,在理智当中必定还留存着某个【别的】东西,它使得理智可以进行之前无法进行的抽象认识。因此,我们必须在对象和理智之外,另行设定某些预先存在的东西,才能解释抽象认识如何产生。

【10】第三个论点:这个在理智当中留存的东西不是心象,而是习性。

【10.1】对此的第一个证明:在活动之后留存下来的东西来自该活动。但心象不来自认识活动,而反倒是先于认识活动。因此得证。

【10.2】第二个证明:当某物拥有认识的偶然能力时,我们就不需要再设定其他东西来解释认识的产生。但既然理智拥有产生某些认识的习性,那么理智就拥有上述偶然能力。因此,除了习性之外,我们就不需要在理智当中设定其他东西。

根据哲学家在《论灵魂》卷三中所说,这个证明的前提是显而易见的。他在书中指出,理智在学习前和学习后所拥有的能力是不同的。在学习前,它拥有本质能力,而在学习后(也就是在通过某种活动留下习性之后)它便拥有倾向于类似活动的偶然能力。由此可知,通过来自活动的习性,理智拥有偶然潜能。因此,只有在认识活动发生后,我们才会发现自己拥有认识的偶然能力。如果理智没有进行任何活动,那么不论我们设定了一千个心象还是没有设定任何心象,我们都无法发现自己拥有认识的偶然能力。但如果有了认识活动,理智就能够立刻发现自己拥有其他认识的偶然能力,而这个情形唯有通过理智当中的习性才有可能。

【10.3】第三个证明:任何可以通过心象保存的东西,都可以通过习性来保存。因此,习性不可或缺,而心象是多余的。习性之所以不可或缺,是因为它是认识对象所需之物。如果习性并非不可或缺,而心象足以确保我们获得认识,那么(假设我们不设定习性)若心象在许多次的认识活动之后遭到毁坏,我们就再也无法认识由心象代表的对象,仿佛我们之前对该对象毫无认识,因为心象已经毁坏了,但这个结论似乎很荒谬。

【10.3.1】你或许会反驳说心象可以通过反复的认识来被强化【,所以不会遭到毁坏】。

【10.3.1.1】我对此的回应:通过心象的强化,理智必定有更强的认识倾向,但这么一来,习性就成了多此一举的设定。因此,心象和习性两者必有一个是多余的。但每个人都接受的设定是习性而不是心象,所以似乎心象才是多余的。

【10.4】第四个证明:之所以设定心象,无非是为了解释一些情形如何可能发生,包括认识活动【和认识对象】的同化①、认识活动的产生、对象的表征、认识能力的规定性、推动者和被推动者的结合。设定心象的最主要目的就是解释这些情形。但我们不需要为此而设定心象。因此,心象的设定是不必要的。

我们不需要为了解释认识活动的同化而设定心象,因为同化或者发生在被认识对象同化的理智本质和本性中,或者是结果对原因的同化。但第一种情形不成立,因为如果理智认识了某个实体,那么它就会被对象的本性(也就是实体)同化,而不是被其心象(即该实体的偶性)同化,因为实体对偶性的同化远不如实体对实体的同化。而第二种情形也不成立,因为被动者对主动者的同化来自它接纳主动者产生的结果,但在这种方式下认识活动便由对象产生,进而被理智接纳,而理智就因而被充分地同化。因此,心象对理智的同化来说并不是必要的。

我们也不应该为了解释对象的表征而设定心象,因为前面已经清楚表明,在直观认识中,除了对象和认识活动之外,我们不需要任何对对象的表征。在抽象认识中,除了对象和认识活动之外,我们也不需要任何东西,因为抽象认识是随着直观认识而来的。由此得出的结论是显而易见的,因为正如对象在一种认识【即直观认识】当中充分地表征自己,同样地,其在另一种紧跟着直观认识的认识【即抽象认识】中也是如此。

此外,被表征之物必须被事先认识,否则与它相似的表征物永远不会导致对它的认识。比如赫拉克勒斯的雕像,除非我以前见过赫拉克勒斯,否则我永远不会认识他,也无法知道这座雕像是否像他。但根据那些预设了心象的人,心象是在任何认识对象的活动之前就存在了。因此,我们不能为了解

---

① 译注:同化(assimilation)指的是认识活动变得和认识对象一样。中世纪哲学家多半同意亚里士多德,认为认识活动所产生的认识内容必须和认识对象相同,才能产生真正的认识,否则这种认识就是错误的。这种看法预设了真理的符合论(correspondence theory of truth)。

释对象的表征而设定心象。

我们也不该为了解释认识活动的产生而设定心象。在他们【即阿奎那等人】看来，有形体的物质物不能作用于精神，所以就有必要在理智当中设定心象。我对此的反驳是：如果有形体的物质物不是被精神物接纳的认识活动的直接部分因（认识活动发生在可能理智中，而可能理智是精神性的），那么它也不会是与主动理智共同产生心象的部分因（心象在可能理智中，因而也是精神性的）。如果你反驳说有形体的东西是导致精神性心象的部分因，那么我可以说有形体的东西是导致精神性认识活动的部分因【，从而运用剃刀原则排除心象的设定】。而如果你反驳说理智需要物质性的东西来产生心象，那么我可以说同样的情形也适用于认识活动。

我们也不应该为了解释认识能力的规定性而设定心象，因为每一种被动能力都由充分的动因充分地规定了，当后者本身是主动能力的时候尤其如此。但正如前面所证明的，对象和理智就是充分的动因。因此得证。

我们也不应该为了解释作为推动者的对象和作为被推动者的认识能力的合一（union）而设定心象，因为若是如此，那么我们还必须设定在原本心象之前的另一个心象【才能解释原本的心象和被推动者的合一】。因为正如我们需要用对象和能力的合一来解释认识活动的产生，同样地，在解释对象如何引起理智中的第一个心象时，我们也需要设定另一个心象【才能解释它们的合一】，依此类推至无限。

综上可知，我们应该设定的显然是习性，而不是心象。

【11】因此，我对第一个问题【即"天使在认识自身之外的事物时，是通过自己的本质，还是通过事物的心象？"】的回应：就自然的直观认识而言，天使的理智和我们自己的理智在认识自身之外的事物时，并不是通过事物的心象，也不是通过认识者自己的本质，而是通过被认识的东西的本质，并且这是通过上述动力因来形成的。因此，如果我们区分认识的理由和能力，那么认识的理由就是被认识对象的本性本身。

【12】我对第二个问题【即"相较于较低位阶的天使来说，较高位阶的天使是否能通过较少的心象获得认识？"】的回应：如果这个问题中所谓的心象是就心象本身来说的，那么较高位阶的天使既不是通过更多的心象也不是通过更少的心象来获得认识，因为他根本不是用这种方式来获得任何认识。但如果这个问题是就认识理由来说的，那么较高位阶的天使就不是通过普遍的

心象（例如事物的概念）来获得认识，而是通过不同的认识理由（即被认识的对象）来获得认识。这是就自然形成的直观认识来说的，因为在这种情形下，有别于认识能力的认识理由就是对象【而不是超自然的第一因】。

【13】针对上述论点有以下的反驳。

【13.1】一个反驳是：理智似乎不能对个体有直观认识，因为理智要对质料性的条件（如从此时此地的存在）进行抽象作用【才能有所认识】。但不论是对个体的认识还是直观认识，都不来自上述的抽象作用。因此得证。

【13.2】另一个反驳是针对这个论点：我们应该在理智中设定的东西不是心象，而是习性。……理智不仅拥有认识复杂命题的本质能力，也拥有认识简单物的本质能力，但把理智的本质能力化约为偶性能力的因素不可能是习性。首先，这是因为习性预设了活动，所以也就预设了本质能力被化约的理智。其次，这是因为习性只针对复杂命题。因此，尽管在认识复杂命题时，习性可以把理智从本质能力化约为偶然能力，但在认识简单物的时候它无法如此，因为它没有被设定为习性。……

【13.1.1】我对第一个反驳的回应：我认为理智首先直观地认识个体，一个原因在于理智直观地知道现实中存在什么东西，而现实中存在的必定是个体；另一个原因在于直观认识个体的能力是理智的较低等能力（即感官）。因此得证。

【13.2.1】我对另一个反驳的回应：我认为习性得以认识复杂命题的方式和理由也可以用来解释它对简单物的认识。但在简单物存在（或不存在）的时候，诉诸经验就足够了，因为只要某人在反复出现的相关活动之后（而非之前）倾向于认识复杂命题或简单物，我们就应该在这种情形下设定一个相应的习性，而且唯有在缺少上述倾向时，我们才不应设定习性。因此，正如有些简单认识无法产生认识简单物的习性，同样地，有些复杂认识也无法产生认识复杂物的习性。例如，尽管直观认识是简单认识，但它无法产生认识简单物的习性，因为在拥有直观认识之后，我们不会比先前更倾向于直观地认识某物。……

第二篇

怀疑主义

引　言

古希腊曾经孕育了两种怀疑主义,即主张人无法认识真理的学院怀疑主义(academic skepticism)和主张搁置判断的皮罗怀疑主义(Pyrrhonian skepticism)。相较之下,多数中世纪哲学家都肯定人类认识的可能性,只不过他们对认识的方式和范围有不同的看法。在本篇收录的文本里,阿奎那和亨利就从不同角度阐明了认识的可能性。值得注意的是,在中世纪晚期哲学中出现了一种和古希腊怀疑主义截然不同的怀疑主义,欧特库的尼可拉斯对其做了详尽的阐释,亨利和奥康也曾经提及类似说法。我们很难断言这种独特的怀疑主义是尼可拉斯或任何人的独创,因为它的思想渊源和基督教对全能上帝的信仰有相当直接的关联。全能上帝能做的任何事,都是形而上意义下的可能之物,反之亦然。另外,如果上帝是全能的,那么祂可以做任何不涉及逻辑矛盾的事情。这么一来,形而上的可能性就和逻辑上的不矛盾等价。问题是,"张三有理由相信 S 是 p"和"S 不是 p"并不互相矛盾,因为和前者矛盾的是"张三没有理由相信 S 是 p",而和后者矛盾的是"S 是 p"。因此,在形而上意义下,S 不是 p,但是张三有理由相信 S 是 p 的情形是可能的。换言之,全能的上帝有能力使这种情形发生,就看祂是否愿意这么做。由此就引出了一个令人不安的结论:如果全能的上帝存在,那么任何人都不可能拥有确定无误的认识。这种怀疑主义和笛卡尔的方法论怀疑之间有重要的相似性——后者所谓的"恶魔"其实就相当于前者预设的全能上帝。

本篇收录了阿奎那等人关于怀疑主义的文本。阿奎那的文本选自《神学大全》卷一第十七题和第八十五题。亨利的文本选自《正规论题大全》。欧特库的尼可拉斯的文本则是《致贝尔纳神父的第一封信》和《致贝尔纳神父的第二封信》的全文。

第一章　托马斯·阿奎那

（一）虚假是否存在于理智当中？[①]

虚假似乎不存在于理智当中,理由有以下几点:

【对"虚假存在于理智当中"的】反驳一:奥古斯丁在《八十三个杂题》第三十二题中说:"任何被欺骗的人都不理解他被欺骗的东西。"但"虚假存在于理智当中"的意思就是"我们的理智受到欺骗"。因此,虚假不存在于理智当中。

反驳二:哲学家在《论灵魂》卷三中指出理智总是正确的。因此,虚假不存在于理智当中。

反之,《论灵魂》卷三则说:"哪里有被理解的对象的组合,哪里就有真理和虚假。"但这样的组合存在于理智当中。因此,真和假在理智当中。

我回答如下:正如一物是借其专属形式而拥有存在,同样地,认识能力也是借被认识物的心象而拥有认识。因此,正如自然物不会缺少依其形式所应有的存在,但可能缺少某些偶然物或附属物(例如人可能缺少两只脚,却不能缺少使人之所以为人者),同样地,只要理智接纳了某物的影像,它就不可能在对于该物的认识上犯错,不过理智可能在对其附属物或偶然物的认识上犯错。正如第二节已说过的,视觉不会在自己的专属对象这方面受骗,但至于随后附加的共同感觉对象及偶然感觉对象,它可能受到欺骗。

正如感官直接借着自己特有对象的影像而拥有形式,同样地,理智也直

[①] 选自 Thomas Aquinas. *Summa theologiae* Ⅰ, q. 17, a. 3. In *Opera omnia*, vol. 4–12. Fratres Praedicatores (ed.). Rome: Commissio Leonina, 1888—1906. 标题出自原书。编译者参考的英译本是 Thomas Aquinas. *Summa theologiae: prima pars*. William H. Marshner (trans.). Washington: The Catholic University of America Press, 2024。

接借着事物本质的影像而拥有形式。因此,关于一物之本质,理智是不会受骗的,这就好比感官对其专属对象不会受骗一样。但理智在做出组合和分离时可能受骗,只要它在认识某物的本质时,附加给该物某些本来不附属于它或与之对立的东西。因为理智之于这种判断,正如感官之于关于共同或偶然感觉对象的判断。但这两者之间有这样一种差别,即前述第十六题第二节关于真理的差别:虚假之所以能存在于理智中,不仅因为理智的认识为假,而且因为理智对虚假有所认识,正如它也对真理有所认识,但在感官中,虚假并没有作为被认识物而存在。

虽然理智的虚假本来只出现在理智的组合当中,但当理智试图认识事物的本质,且这种活动掺杂了组合之时,虚假也可能偶然地出现在理智当中。这包含两种情形。一种情形是理智把一物的定义加给另一物,比如把圆的定义附加给人。于是,一物的定义在用于另一物时就是假的。另一种情形则是理智把彼此不能兼容者组合为定义的一部分。这样一来,定义不仅针对被定义物而言是假的,而且定义本身就是假的。比如在形成"四足的理性动物"这一定义时,理智就已然是假的,因为它形成的组合"某些理性动物是四足的"为假。因此,理智对简单本质的认识不可能为假。它或者是正确且真实的,或者什么都不认识。

对反驳一的回应:因为理智的专属对象是物的本质,所以当我们把对一物的判断化约为其本质时,我们就真正认识了该物。在不包含虚假的演绎证明当中,情形就是如此。奥古斯丁所说的"任何被欺骗的人都不理解他被欺骗的东西"就该如此解读。他的意思并不是说人在任何理智活动中都不会受骗。

对反驳二的回应:理智对于基本原则的认识总是正确的,因为正如理智在认识一物的本质时不受欺骗,同样地,它在认识基本原则时也不会受骗,因为自明原则就是这样的基本原则。只要理解了【包含在原则当中的】词项,原则本身也就立即被认识,因为其谓词已被包含在主词当中。

(二) 理智是否可能是错的?[①]

理智似乎可能是错的,理由如下:

【对"理智不可能是错的"的】反驳一:哲学家在《形而上学》卷六中说,"真理和虚假存在于心灵当中"。而按前面第七十九题所说,心灵和理智是同一回事。因此,虚假存在于理智当中。

反驳二:意见和推论都属于理智,但二者都有虚假的情形。因此,在理智中可能有虚假。

反驳三:罪属于理智。但罪和虚假是相连的,因为《箴言》第十四章二十二节曾说:"步入歧途的,就是阴谋邪恶之人。"因此,虚假存在于理智当中。

反之:奥古斯丁在《八十三个杂题》第三十二题中说,"任何被欺骗的人都不理解他被欺骗的东西"。哲学家在《论灵魂》卷三中也说:"理智总是正确的。"

我回答如下:哲学家在《论灵魂》卷三中就这一方面将理智和感官做了比较。感官在感知其专属对象时(如视觉能力之于颜色)不会有错,除非它在偶然情形下受到阻碍,例如发烧的人会由于舌头上有不正常的液体而感到甜食是苦的。但感官对大小和形状等共同可感物的判断可能发生错误,例如,感官判断太阳直径为一尺,但它其实比地球还大。感官对偶然可感物的判断更有可能出错,例如人们会由于颜色相似而认为胆汁是蜂蜜。很明显地,错误的原因在于:每个感官本身都指向其专属对象,而这样的事物【感官及其专属对象】总是以相同方式互相联系在一起的。因此,只要感官存在,那么它对专属对象的判断便不会出错。现在,理智的专属对象是物质实体的本质。因此,关于它的本质,理智是不会出错的。但对于那些附属于本质的东西,理智就可能出错,也就是当它以组合、分离或推论的方式将一个东西和另一个东西关联起来的时候。因此,只要理智能够通过领会某个命题之词项的本质而直接认识该命题,那么对这种命题而言理智就不可能出错,例如从第一原理

[①] 选自 Thomas Aquinas. *Summa theologiae* Ⅰ, q. 85, a. 6. In *Opera omnia*, vol. 4-12. Fratres Praedicatores (ed.). Rome:Commissio Leonina, 1888—1906. 标题出自原书。编译者参考的英译本是 Thomas Aquinas. *Summa theologiae: prima pars*. William H. Marshner (trans.). Washington:The Catholic University of America Press, 2024.

可以推出无误真理,或者可靠科学蕴含了【正确】结论。

但关于复合物之本质,理智有可能出错,但这并不是由于感觉器官方面的缺陷(因为理智并不是使用感觉器官的能力),而是因为【复合物的】定义来自组合作用。事实上,将某物的定义用于另一物(例如将圆之定义用于三角形)这本身就是一种错误。此外,如果组合成定义的语词互相矛盾(例如将某物定义为"有理性和有翼的动物"),那么定义本身也可能有错。因此,既然简单物的定义不来自组合作用,那么我们对它的认识便不可能出错,尽管如《形而上学》卷九所说,我们对其根本无法有任何认识。①

对反驳一的回应:哲学家说虚假存在于理智当中,这是着眼于综合和区分来说的。

对反驳二的回应:哲学家关于意见和推论的说法,也是着眼于综合和区分来说的。

对反驳三的回应:罪人的错误在于将判断运用于可欲的东西。但如果我们从绝对视角考虑事物之本质及由此而被认识之物,那么理智永远不可能受欺骗。这正是前面所引证的权威意见所要强调的。

---

① 译注:阿奎那的意思是,人之所以不可能拥有对简单物的错误认识,是因为他对其根本无法拥有任何认识,而不是因为他对简单物的认识不会出错。

第二章 根特的亨利

(一) 人类认识是否可能?[1]

【1】以下是对"人不可能认识任何东西"的证明:

【1.1】基于认识方式的证明:不论人认识的东西是什么,他都是基于比它更先且更好地被认识的事物来认识它。但他又只能通过比这个事物更先且更好地被认识的事物来认识它,依此类推至无穷。但根据哲学家所说,这样一来,就没有人能够认识任何东西。因此得证。

【1.2】基于被认识对象的证明:人的所有知性认识都源于感官。但根据奥古斯丁在《八十三个杂题》第九题中所说,"我们不应在身体感官中寻求纯粹真理",因此,人无法通过知性认识来认识纯粹真理。但只有认识了纯粹真理,人才能认识任何东西,因为只有真实之物才是认识的对象,而且根据奥古斯丁的观点,只有不带任何虚假的纯粹真理才是真理。因此得证。

【1.3】基于和【1.2】同样的前提,那些否认认识的人证明如下。人无法通过感官获得关于任何事物的确定认识,因为如果某物对某人显得是某个样子,那么对另一个人而言它就显出对立的样子。此外,如果某物在特定的时间和特定的条件下显现在特定人面前,那么它的对立面就会在不同时间和不同条件下显现在同一个人面前。因此,既然理智只能通过感官来获得认识,那么它就根本不能获得关于任何事物的确定认识。但根据哲学家在《形而上学》第四卷中的说法,只有通过理解某些确定的事物,我们才能够有所认识。因此得证。

---

[1] 选自 Henry of Ghent. *Summa quaestionum ordinariarum*, a.1, q.1. In *Opera omnia*, vol. 21. Gordon Wilson (ed.). Leuven: Leuven University Press: 2005. 标题出自原书。编译者参考的英译本是 Gyula Klima, Allhoff Fritz and Jayprakash Vaidya (eds.). *Medieval Philosophy: Essential Readings with Commentary*. Malden: Blackwell Publishing, 2007。

【1.4】以下是基于可认识对象的证明(根据《形而上学》卷四)。根据波埃修,认识的唯一对象是恒久不变之物。但可感物当中没有任何恒久不变的东西。因此,人无法通过感官来获得认识。正如奥古斯丁在《八十三个杂题》中所说:"所谓的可感物是转瞬即逝的。"因此得证。

【1.5】据《后分析篇》开头所说,《美诺篇》还提出一个基于认识者的证明。正如注释家在《形而上学》卷九中指出,人不可能学到任何东西,除非他事先对某事有所认识。这个论点和奥古斯丁在《驳学院派》卷三和哲学家在《形而上学》卷九中的说法一致。但对某事有所认识的人并不是在学习,因为学习是一种通往认识的活动。由此可知,没有人能学到任何东西。而根据奥古斯丁在同一段落中的说法,之前没有学到任何东西的人,之后也不可能学到任何东西。因此得证。

【1.6】根据和【1.5】相同的前提,我们还可以提出以下另一个证明。什么都不认识的人,什么都学不到。另外,什么都学不到的人不可能通过学习而有所认识。因此,什么都不认识的人不可能通过学习而有所认识。但如《论灵魂》卷三所说,人最初对一切都无所认识,因为他的理智如白板一样,在接纳心象之前是一片空白。因此得证。

【1.7】以下是基于认识对象的证明。只感知事物的影像而不感知其本质的人,无法认识这个事物。例如,只看到赫拉克勒斯的画像的人并不认识赫拉克勒斯本人。但人除了事物的影像之外,对其一无所知,因为他感知的是他通过感官所接纳的心象,但这只是事物的影像,而非事物本身。《论灵魂》卷三就说:"灵魂中的石头不是石头本身,而是石头的心象。"因此得证。

【2】以下是对"人类认识是可能"的证明:

【2.1】注释家在《形而上学》卷二开头的论点如下:人生而有之的欲望不会是无意义的。但哲学家在《形而上学》中指出,求知是人生而有之的欲望。因此,求知不会是无意义的。但如果人不可能认识任何东西,那么求知就没有意义了。因此得证。

【2.2】基于同样前提,还可以提出另一个证明:人生而欲求之物是他可能拥有的,正如奥古斯丁在《驳尤里安》卷四中所说,"除非蒙福是可能的,否则没有人天生希望蒙福"。但人生而求知。因此得证。

【2.3】基于相同的前提,还有以下这个证明:任何人都可以使其自然能力

发挥至完善，否则他拥有这种能力将是毫无意义的事。但认识就是人自然能力发挥至完善的状态，因为根据哲学家在《伦理学》卷十中的说法，人的幸福在于思辨性的认识。因此得证。

【2.4】哲学家在《形而上学》卷三、卷四和《论天体》卷二中还曾说：行为者不可能通过自然方式或理性进行无法被其完善的事，因为任何行动都有其存在的终点和完善状态。但根据哲学家在《形而上学》卷一中所说，人之所以开始进行哲学思考和深思熟虑，正是为了获得认识、摆脱无知。由此可知，人有可能认识和理解。

【2.5】根据奥古斯丁的《论真宗教》，任何怀疑自己是否能够认识的人都不会怀疑自己正在怀疑。他对此是确定不疑的。但只有对某件真实且被认识的事而言，人才会确定不疑。因此，任何怀疑自己能够认识的人，都必须承认自己认识一些事情。但这是不可能的，除非他在怀疑的时候刚好认识了一些事情。因此得证。

【2.6】哲学家和注释家在《形而上学》卷四中也提出大体相同的证明。任何人在否认有认识时，都因而同时确定了自己没有认识。但他只对自己认识的东西是确定的。因此，任何否认有认识、否认人们可以认识任何东西的人，必然会承认有认识、承认人们可以认识某些东西。这个论点类似哲学家在《形而上学》卷四中的结论，即任何否认有言语的人都必须承认有言语。

【3】以下是对"人不可能认识任何东西"的证明的反驳：

【3.1】如果"认识"被广义地用来指关于某物的一切没有错误或欺骗的认识，如果我们是在这个意义下理解和提出最初的问题，那么答案是显而易见的：和那些否认认识、否认对真理的感知的观点相反，人的确可以认识某事，并且可以在每一种认识方式中获得认识。人可以通过两种方式认识某事：或者通过他人的外部证言，或者通过自己内心的见证。

奥古斯丁在《驳学院派》和《论三位一体》卷十五中谈到了第一种方式，即通过外部证言获得认识："我们也远不能否认我们知道我们在别人的证言基础上得知的东西，否则我们不会知道海洋存在，也不会知道因其声名卓著而传到我们耳中的国家和城市，不会知道我们曾从历史读物中得知的人及其作品真正存在过，不会知道每天从各处报道给我们的东西是由持续不断的指示物所证实的，最后，我们也不会知道我们在何处出生、为哪对父母所生，因为这些都是我们在别人证言的基础上相信的事物。"

另外,我们也通过第二种方式来认识事物,并如其所是地感知事物。我们对周遭和内在事物的感性认识和知性认识就证实了这一点。就感性认识来说,某个感觉能力在其感觉活动中真实地、不带任何欺骗或错误地感知了某个作为其专属对象的东西。这种感知既没有和其他更真实的感觉抵触,也没有和基于其他更真实感觉的理智相冲突,不论这个理智是自己还是别人的。此外,当我们如此感知某物时,我们也不应怀疑自己是否如其所是地感知该物。再者,我们也不需要为感性认识寻找任何进一步的确定性原因,因为正如哲学家所说,唯有不健全的理智才会在拥有感性认识的情况下为其寻找理性的支撑,因为我们不应为那些比理性更有价值的东西寻找理由。要检验言语的真假,就必须检验它们是否符合被感知的事物。因此,奥古斯丁在《论三位一体》卷十五中说:"我们也远不能怀疑我们通过身体感觉得知的事物的真理性。正是借着感官我们得知天、地及其中的一切。"

【3.2】西塞罗在《论学院怀疑主义》中也试图反驳学院怀疑主义,并证明人可以确定地认识某事。他说:"让我们从感觉出发,因为基于感觉的判断是如此清楚和确定,以至于如果有人被允许去选择自己的本性,我看不出他还会需要更多。在我的判断中,真理首先存在于感觉当中。如果感官健全且处于良好状况,且所有妨碍感官活动的因素都被排除了,那么只要一瞥便足以让人们信服于感觉判断。"

【3.3】至于对知性认识的信服,由于人们可以通过知性认识方式来真正了解事物的本来面目,所以西塞罗在同一个段落接着这么说:"随着被感官感知的事物出现了不被感官感知的东西,例如这是白色的,所以这就是老的。随之而来的是更进一步的判断,例如如果某物是人,那么它就是动物。在这种判断的基础上,我们就得到了对事物的知性认识。"因此,就像我们对感性认识所说的那样,理智在其知性活动中真实、不带任何欺骗或错误地认识了某个作为其专属对象的东西,这种知性认识既没有和其他更真实的认识抵触,也没有和基于其他更真实感觉的认识相冲突。

【3.4】此外,知性认识的真实性和感性认识的真实性一样是不容怀疑的。奥古斯丁在《论三位一体》中就说:"毕竟有两类事物是可知的,一类是心灵通过身体感官感知的,另一类是心灵通过自身感知的。那些哲学家一直在盲目反对身体的感觉,至于心灵借着自身得到的关于真实事物的绝对坚固的认

识,如我提过的'我知道我活着',他们却一点儿也不能质疑。"关于上述这点已不再需要任何证明了,除非我们是在训练自己的推理能力。稍后将会提供基于自明的经验记号(posteriori signs)的这一类证明。

【4】自古以来,就有七个谬误和上述观点抵触,它们的出发点或者是感官,或者是理智。哲学家在《形而上学》卷四中驳斥了其中五个谬误,当中最重要的谬误是否认认识的第一原则——对任何事物而言,或者对它的肯定为真,或者对它的否定为真,但两者不可能同时为真——借此来否认人拥有认识。来自《美诺篇》的第六个谬误否认人能习得任何东西。亚里士多德在《后分析篇》的开头驳斥了这个论点。第七个谬误来自学院派怀疑论者,他们否认感知的真实性。奥古斯丁和西塞罗在讨论学院派的著作中都驳斥了这个论点。

【4.1】哲学家在《形而上学》卷四中反驳了以下这些说法:万物皆为假,万物皆为真,万物同时为真为假。主张万物皆为假的理由之一是基于阿那克萨戈拉(Anaxagoras)和色诺克拉底(Xenocrates)的说法,即万物和万物相混合,因为他们发现每个东西都是由其他一切东西组成的。阿那克萨戈拉和色诺克拉底认为这种混合物既不是存在也不是非存在,不是两个对立物中的任一者,而是两者的中和。由此他们推论:我们不可能对任何事物做出正确判断,相反地,所有判断都是错误的。因此,也就没有关于任何事物的认识,因为根据《分析后篇》,认识无非是关于真实事物的认识。

【4.1.1】上述论点的错误在于未能区分潜在存在和现实存在,因为对立之物虽然不能同时现实地存在,却同时潜在地存在。换言之,只有在现实存在中,某物才确定地是这个而不是那个,也才会有关于该物是其所是、非其所不是的确定真理和认识。

【4.2】另一个支持万物皆为假的理由则是基于感觉经验。根据德谟克利特(Democritus)和留基波(Leucippus),有些人觉得某个东西是甜的,但其他人觉得它是苦的,而这两方唯一的不同只不过是某一方的人数较多而已,因为某个东西对多数的健康人来说显得是甜的,而对少数的不健康的人来说则显得苦涩。因此,德谟克利特和留基波说,实际上没有什么东西确定地有这个或那个性质;相反,任何东西都既不是这个,也不是那个。因此,没有任何东西是真实的;相反,所有东西都是虚假的。因此,也就根本没有认识。

【4.2.1】上述观点错误之处在于它混淆了理智和感觉,从而误以为认识

得自感官。因此,当德谟克利特和留基波发现可感物在感官中拥有不同性质,以至于感官对象没有任何确定性时,他们就认为没有任何东西是确定的。

【4.3】和德谟克利特和留基波有关的则是学院派的观点。根据奥古斯丁的观点,学院派认为人无法感知任何真实或确定的事物,但并不主张人应该停止探究真理。尽管如此,他们却明确表示只有神(或者脱离人类肉体的灵魂)才认识真理。学院派的这种论点只针对和哲学有关的事务,而和哲学外的其他事情无关。根据奥古斯丁的观点,学院派提出了这样的论证:真实的事物只能通过真实无误的记号来被认识。真实之物和虚假之物是以明确的记号来区分的,两者之间没有共同的记号。真实之物不可能显得虚假。但学院派接着指出,不可能有足以区分真假的记号,由于事物的本性是晦暗不明的,所以真理或者并不存在,或者模糊不清而无法被我们发现。正如《形而上学》卷四所说,德谟克利特宣称:或者没有什么东西是完全真实的,或者这些东西的真相并没有向我们显露出来。

【4.4】其他人,如普罗塔戈拉(Protagoras)及其追随者,则宣称万物同时为真又为假。他们认为在灵魂之外没有真理,而在灵魂之外显现之物并不是事物在其显现时本身所是的样子。相反地,事物所显现的样子只存在于人的认识中。因此,普罗塔戈拉等人完全否认了事物在灵魂之外的存在,并进而主张对立之物同时成立。这个道理不仅对使用相同感官的不同人来说是如此,而且对使用不同感官的同一个人,以及在不同情形下使用同一感官的同一个人而言,也不例外。举例来说,一个人通过味觉觉得甜的东西,另一个人通过味觉会觉得并不甜;在视觉上看起来甜的东西,在同一个人的味觉上则尝起来不甜;当眼睛的位置改变了,那么原本看来是一个的东西就显得是两个。由此普罗塔戈拉等人得出结论:没有任何东西显得是确定的,也没有任何东西本身是确定的,所以也就绝对没有关于它们的知识。

【4.5】另外还有一些人,例如赫拉克利特(Heraclites)及其追随者,也认为万物同时为真又为假,因为他们认为只有可感物才是存在的,而它们的存在都是不确定、不断变化的。因此,赫拉克利特等人宣称,没有东西会维持不变。相反,它们在同一时间、同一方面既存在又不存在。另外,因为运动由存在和非存在组成,而每一次变化都在存在和非存在之间进行,所以赫拉克利特等人进一步说,人们不必对任何问题回答"是"或"否"。正因如此,赫拉克利特在他临终前也相信自己不需要说任何话,而只是动了动自己的手指。基

于上述论证,他的追随者认为人无法获得任何知识。

【4.6】《美诺篇》和某些柏拉图主义者则认为:没有人可以学到任何东西,所以没有人可以认识任何东西。前述的【1.5】和【1.6】已经证明了这一点。我在回应这些论证时会清楚指出当中的谬误。

【5】正如哲学家在《形而上学》卷四中所说,否认认识就是摧毁所有的信念和整个哲学,所以我们不可能通过证明有认识、人可以认识某事来反驳他们的论点,因为他们根本就否认了所有关于认识的原则。我们应该用来为认识辩护并反驳他们的唯一方式是诉诸那些他们不能否认的、真实的且被多数人接受的主张。西塞罗在他的《论学院怀疑主义》卷二中正是通过这样的主张来反驳他们论点所包含的三个明显谬误,其中第一个是基于以技艺为基础的认识,第二个基于善行,第三个则基于日常生活的行为。西塞罗对第一个谬误的解释如下:"每一门技艺都基于对事物的感知。如果排除这些感知,你该如何区分巧匠和无知的人?如果人在施展技艺时没有感知到事物,技艺又怎么可能完成任何事情?"因此,奥古斯丁在《论真宗教》卷三十中也说:"人们共同拥有的技艺,无非就是对所经历事物的记忆。"西塞罗这样解释第二个谬误:"善人决定承受一切折磨,而不是背离他的责任和信仰。这样的人怎么可能承受一切痛苦,除非他早已相信那是绝对不可能虚假的事?"他对第三个谬误的解释是:"一个人如果无法确定接下来会发生的事情,而且不知道衡量万物的最终善是什么,他怎么敢于有把握地做任何事?"哲学家在《形而上学》卷四中也给出了一个很好的例子:正在走路的人会一直走路而不会停下来,因为他认为自己应该走路,并且他不会掉进路上的井里,而会避开它,因为他知道掉进井里是不好的。

【6】对最初反驳的回应:我们必须接受"人可以认识事物"的证明,但还是必须逐一回应与之相反的反驳。

【6.1】针对第一个反驳(即所有认识都是基于更好地被认识之物),我强调:这个反驳只适用于【基于推论的】推论性认识,因为【推论的】前提是【相对于结论而言】自明的,不需要通过其他命题来证明,也没有比它更明白的东西。因此,只有对那些不区分本身自明的前提和通过前提被认识的结论的人来说,才会出现无限后退和无所认识的问题。

【6.2】针对第二个反驳(即不应通过身体感官来寻求纯粹真理),我认为:只有当人们在任何情形下、对任何事物而言都遵循感性判断时,这个反驳

才是正确的。奥古斯丁就出于两点考量来证明某些判断并不基于感官:首先,可感物是可变的;其次,感官本身容易犯错。但他也敦促我们要通过感官来探究真理,也就是从感官出发,进而从感官转向理智,做出知性判断,如此来探寻纯粹真理,因为纯粹真理或者得自纯粹自然方式(基于感官的纯粹自然光照的知性判断),或者得自绝对方式(借助永恒之光的光照的知性判断)。在阐释基于感官的知性判断时,奥古斯丁强调的就是其纯粹性。这一点可以从以下两种检验真理的方法看出。

其一,我们应该以某种方式从作为真理起源的感官出发去寻求纯粹真理,因为【运作正常的】感官拥有对其专属对象的最确定认识,除非感官本身、感觉活动的媒介或者对象受到阻碍。若排除了一切阻碍,感官就不可能犯错,也不可能将其对象理解为它不是的样子。不过这种认识仍然并不稳定,因为对象本身和感官本身都是可变的。正因如此,完全依赖感官的判断无法长期掌握确定的真理。尽管如此,完全确定的真理仍然是通过感官来掌握的:不受欺骗的感官领会了某物,而后理智对所领会之物进行抽象并形成判断,此时所领会之物仿佛未曾经历变化,无法被貌似真实的感觉图像的心象所掩盖。对我们来说,最确定的认识就是对可感物的认识,只要我们可以将其追溯至最初的感觉经验。

其二,那些放弃感官、彻底否定自己的判断、被诡辩欺瞒的人往往会让自己的理智陷入最荒谬的错误,例如芝诺(Zeno)就说没有东西在移动,而还有些人宣称所有东西都被一个单一运动所推动。因此,当某个感官不受阻碍时,人们就应该始终相信它,除非它抵触了其他更高的感官(不论是不同时间下同一个人的感官,还是同一时间下不同人的感官),或者更高的感官感知到这个感官已受到阻碍。因为每个人或同一人在不同时间下的感官状态都不尽相同,所以我们不应该以同样程度相信基于它们的判断。这个道理在健康人和病人身上尤其清楚:我们应该更相信健康人而非病人的味觉,更相信近距离而非远距离的观看者,更相信通过单一媒介而非不同媒介来观看的人,依此类推。

【6.3】针对第三个反驳(即同一事物经常以不同方式出现在同一人或不同人面前),我认为:这并不意味着我们不该相信任何感官。如前所述,在一个情形下某个感觉被欺骗时,另一个感觉却经常是真实的,或者一个感官在一个情形下被欺骗时,在另一个情况下却经常是真实的。由此可见,德谟克

利特的论证是有缺陷的,因为虽然可感物在感官中拥有不同的条件,但当感官不受欺骗时,某物仍然是通过不被欺骗的感官被确定地感知的。此外,感觉也随着感觉者数量多少和不同感官各自的重要性而不同。

【6.4】学院派哲学家的缺陷同样也很清楚,因为他们的主张(即没有任何东西可以通过记号被确定地感知,而且记号不能显示事物的真实性)是不正确的。和他们所说相反,只要某个感官不受阻碍,那么作为它专属可感物的记号就能向它显示自身。因此,学院派哲学家们比其他人更致力于通过这种记号来探究真相,虽然他们认为自己永远找不到真相。在这方面,他们的观点就像一个人跑去抓他永远抓不住的东西。哲学家在《形而上学》卷四中正是这么责备他们的。我会在下一个问题中进一步阐释关于他们观点的其他问题。

【6.5】出于同样原因,普罗塔戈拉的假设(即事物之所是取决于感觉的表象)也很明显是错的,因为不论是真实的还是被欺骗的感觉,它们都只能得自事物,因为感觉是一种被动的能力。因此,即使同一物以不同方式呈现给同一个或不同的感官,这也只是由于感官受到欺骗或被阻碍。在这种情况下,我们无须相信这种感觉。但我们不应因此而宣称任何感觉都不可信,因为未被欺骗的感觉应被赋予完全的信任。至于哪些感觉没有被欺骗,这是理智首先必须根据关于感官会被什么东西欺骗或阻碍的许多先前经验来判断的。

【6.6】针对第四个反驳(即所有可感物都在不断变化),我要指出:这种赫拉克利特式的观点认为只有可感物才存在,而这正是那些直到意大利人①的时代为止所有哲学家的错误:他们由于自然可感物的可变性而一致否认有认识。后来的哲学家认识到他们的错误,因而主张有认识存在,并且认为人们可以对自然可感物有所认识。但他们对于如何认识、如何获得认识有分歧。

毕达哥拉斯是上述意大利人中的第一人,他和赫拉克利特等人一样认为,由于自然物的变化,人并不能借此来获得关于它们的认识。但为了以某种方式确保关于自然物的认识,毕达哥拉斯将数学引入自然世界,主张数学是自然物的存在及对其认识的原理和原因。这是因为数学抽象自可感物的

---

① 译注:"意大利人"意指反对赫拉克利特之说的某些哲学家,他们的出生地位于今天的意大利。

可变性,所以在某种程度上是不可变的。

但毕达哥拉斯之后的柏拉图认为数学就内在于自然物本身。因此,不论数学在多大程度上从自然物当中抽象出来,数学仍然是随着它们变化的,且我们不能通过它们来获得对自然物的不变认识。于是,柏拉图把理型设定为自然物的存在和对其认识的原因和原理,而这种理型和自然物完全分离且不经历任何变化。这样一来,我们就可以通过自然物来获得关于可变物的不变认识。

但亚里士多德认为,事物的存在以及人对它们的认识唯有通过存在于其中的某个东西才是可能的。他还认为,既然个体是可变的,那么我们就不可能通过个体本身来认识它们。因此,他宣称共相——也就是属和种——是由理智从它们真实地存在于其中的个体中抽象出来的,因为共相是"多中的一"(one in many),也是"多的一"(one of many)。虽然它们在个体当中是可变的,但在理智中是不变的。因此,亚里士多德宣称:我们的确拥有关于可变、个别、可感的自然物的不变认识,因为它们的共相就存在于理智当中。

奥古斯丁熟读柏拉图的哲学。如果他在其中找到和信仰一致的看法,他就把它们写进自己的著作,而如果他发现它们有悖于信仰,他就尽其所能提出更好的解释。现在,正如奥古斯丁在《八十三个杂题》第四十六题中所说,主张事物的理型存在于神圣心灵之外,是上帝在创造其作品时沉思的对象,这种说法似乎是一种对上帝亵渎。因此,尽管亚里士多德将这个观点归于柏拉图,奥古斯丁却说柏拉图将这些理型置于神圣心灵中,正如他在《上帝之城》卷七中所说:"关于一切行动的目的、一切自然事物的起因和一切理性之光,柏拉图究竟知道什么、持有什么观点,我认为对此不应该贸然下结论,因为那些声誉卓著并对柏拉图大加赞许的人在上帝这里发现了万物存在的原因、认识的原则和人生的方向。"

奥古斯丁对柏拉图的诠释比亚里士多德的更为合理,他认为存在于上帝当中的永恒不变的规则或理由就是确定认识和认识真理的原理。正是借由理智分有其中的理型,人才得以认识被造物当中的纯粹真理。因此,正如上帝凭其存在成为一切存在物存在的原因,同样地,祂也凭其真理成为对一切真实事物的认识的原因。这样一来,不论事物如何多变,确定不变的认识仍然是可能的。因此,奥古斯丁在《论三位一体》卷十二中就说:"不仅存在着可感的、空间中的事物的可理解的无形的理型(理型本身不在空间中),而且也存在着在所有时间中发生的运动的原型(原型本身在时间中无法衡量)。这些理型当然是可理解的,而不是可感觉的。很少有人的心灵能足够敏锐地达到这些理型,有些人虽然竭尽全力达到了它们,却也不能久居于它们之中……以至于他们只拥有一个关于并非转瞬即逝的事物的转瞬即逝的思想。然而,这一转瞬即逝的思想借着心灵所精通的认识而被保留于记忆当中,因而【在心灵中】就有某个地方是那被迫离开了它的思想能够再次返回的。如果心灵有时候无法回到记忆中去发现它放在那儿的东西【即理型】,它也会像一个新手那样被领回到记忆那里,仿佛实际上第一次被领到记忆面前,并且在第一次找到理型的地方(也就是无形真理)找到了它,仿佛理性是被书写下来并留在记忆当中。"……

【6.7】针对第五、第六个反驳(即人无法学习,因而也无法获得认识)我强调它预设的前提是错的,因为人的确可以学习……①我们必须注意有两种理解"学习"的方式。按第一种理解,每一次对新认识的获取都是一种学习。这样一来,每个学习者就不见得都要先认识某事,因为通过学习来认识第一原理的人并不是通过认识更高原理来获得这种认识的。但按第二种严格意义的理解,学习只涉及对于结论的认识。对结论的实际认识来自对潜在于其中的原理的先前认识。就此而言,正在学习的人就必须【潜在地】先行认识某些事情。

【6.8】针对第七个反驳(即在认识事物时,人除了影像之外什么都没有感知到)的回应:人可以以两种方式来感知事物的影像。按第一种方式,影像可以被感知为认识的对象。这样一来,只感知事物影像的人确实无法认识事物。例如,某人在看到墙上的赫拉克勒斯画像时,他既没有看到也没有认识赫拉克勒斯。按第二种方式,图像可以被感知为认识的基础(ratio),这样一来,第七个论证的说法就是不正确的,因为事物唯有通过可感心象才能被真正认识,例如一块石头之所以被真正看见,正是由于其可感心象被眼睛接纳,而它被真正认识,则是由于其可知心象被理智接纳。

【6.8.1】但也许你会说,心象是被感官接纳的可感物,因此,既然它是偶性和偶性的影像,它就无法导致对事物的本质和实体的认识。

【6.8.1.1】我对此的回应:即使理智的主要活动在于接纳可感有形物的

---

① 译注:亨利在 Summa questionum ordinariarum, a.1, q.6 论证了此点。本书并未收录这一部分。

可知心象,进而通过它们来理解该物,理智的次要活动还在于以这些可感物的心象为基础,通过自然理性的研究来独立获得关于非可感物的认识。这些非可感物或者是可感实体的本质,或者是类似的东西,只不过理智并未把握其心象。因此,奥古斯丁在《论三位一体》卷九中说:"我们用眼睛得见物体,是因为从双眼射出的光触到了我们观察的东西……不过不管我们用眼睛看事物时凭的是哪种力量,我们都肯定不能够用自己的双眼看见这种力量,不管它是光线还是其他东西。我们是通过心灵来寻找它,而且也是通过心灵来成功把握它。因此,心灵自身通过身体感官获得了对有形事物的认识,也通过自身获得了对无形事物的认识。"

奥古斯丁把可感物称为有形物,不可感物(不论它是数字还是由质料和形式构成的实体的本质)则被称为无形物。凭着自然理性的努力,并且以可感物和不可感物的自然联系为基础,心灵从可感物的心象当中就形成了对此类事物的认识,仿佛心灵在心象底下进行挖掘,从而发现了一些可知的东西。通过这种方式,一只羊能够凭其自然本能,借由被感知的心象来对不被感知的事物做出判断,例如它通过被想象或被看见的狼的可感心象,来判断狼是有害且有敌意的。正是在这个意义下,我们才使用"理解"(*intelligere*)这个词,因为它的意思正是"阅读心中的意思"(*ab intus legere*)①。

---

① 译注:亨利的意思是,理解某物,就是用理智抽象出进而接纳它"内部"的可知心象。

第三章　欧特库的尼可拉斯

（一）《致贝尔纳神父的第一封信》①

最可亲的贝尔纳神父：

我满怀对您应有的敬意，出于修道士的品格，希望通过现在的通信来探讨一下对您所讲的内容产生的疑问。对我们当中的一些人而言，它们有显而易见的矛盾。通过探讨这些疑问，真理便能更清晰地向我和其他人启示出来。您曾在方济各会神学院就一本书做过演讲，我在这本书中读到您所同意的某些命题，且不管是谁支持它们，您都认为它们是对的。

第一个命题是您在《箴言四书注释》卷一讨论三问题四中提到的："我们用清楚的直观认识来做出一个事物存在的判断，不论它是否【真实】存在。"

第二个命题和第一个出现在同一处，它这么说："'一个对象不存在，所以它没有被看见'的说法不正确。这个说法也不成立：'此物被看见了，所以它存在。'其实，两者都不正确，正如下面的说法也是不对的：'我们想到了恺撒，所以恺撒现在存在''恺撒现在不存在，所以我们想不到他'。"

同一处谈到的第三个命题："【对某物的】直观认识不一定要求该物存在。"

我从这些命题推导出第四个命题："我们对心灵之外对象的存在的一切觉察都可能是错误的。"因为按照您的说法，不论对象是否存在，对它的觉察都可能存在。

我推出的第五个命题："我们无法通过自然认识来断定我们对外在对象的存在的觉察何时为真、何时为假。"因为如您所说，不论某个东西是否真实

---

① 选自 L. M. De Rijk (ed. and tran.). *Nicholas of Autrecourt: His Correspondence with Master Giles and Bernard of Arezzo*. Leiden: Brill, 1994。标题为原书篇目。

存在，我们的自然认识都会把它表征为存在的东西。

任何承认前提的人，都必须承认由这个前提通过形式化论证推出来的结论。因此，既然我们对外在对象的存在并没有明确的确定性，那么我们就必须承认由此推出的所有结论也都没有明确的确定性。而我们之所以对外在对象的存在没有明确的确定性，则是因为没有人能通过谬误推论来得出任何确定的结论，而此处的情形正是如此，因为您自己也同意以下说法是谬误的："白色被看见了，所以白色存在。"

但您也许会这么说（我认为您在和布道的修道士们的一次辩论中就是主张这种观点）：当超自然原因产生或保存了看这回事时，我们无法由此推出被看对象的存在，但当自然原因产生了看这回事时，我们可以这么推论。

对上述论点的反驳：如果某个动因产生了一个前提，但我们无法通过形式化和明确的推论从这个前提推出某个结论，那么不论这个前提是由什么动因产生的，我们都无法从它推出那个结论。不论就实例还是就道理而言，这个命题都是显而易见的。就实例而言是这样的：虽然 A 这个动因导致了白色的存在，但我们不能由此推出"白色存在，所以颜色存在"，那么，不论导致白色存在的动因是什么，上述结论都推不出来。就道理而言也是显而易见的，因为不论什么因素导致了前提的产生，前提本身【一旦产生以后】都不会再被那个因素改变，而这个前提所代表的事实也不会由此改变。

进一步说，由于我们无法通过直观认识从这个前提【即"白色被看见了"】明确推出"白色存在"，因此，【为了推出"白色存在"，】我们似乎有必要在前提之上附加其他的前提，也就是您上面所建议的"对白色的视觉不是靠超自然力量的产生或保存才存在的"。① 但这恰好清楚地证实了我的论点。因为如果我们只有通过某个前提才能确定某个结论，但我们又不知道这个前提是否为真（因为这一点无法只通过前提的字面含义知道，也无法通过经验知道，也无法从经验性认识推出，而只是被我们相信而已），那么我们显然不能肯定结论为真。即使我们把这个前提和附加前提合并起来看，情况也显然如此。② 因此得证。

---

① 译注：白色视觉的产生或者来自超自然力量，或者来自白色事物的真实存在，但现在的附加前提排除了前者，所以白色视觉的产生必定来自白色事物的真实存在。

② 译注：如果 A 无法被确定是否为真，以至于"因为 A，所以 B"无法被确定是否为真，那么"A 且 C，因此 B"同样也无法被确定是否为真。

而根据您前面所说,谁若是不提出那个附加前提【即"对白色的视觉不是靠超自然力量的产生或保存才存在的"】就从原本那个前提得出结论,那么他的推论就是无效的,而亚里士多德和其他哲学家就是这样,其他不把这个附加前提加在原本前提上的人也是这样,因为他们不相信上帝可以阻止自然原因产生其结果。①

此外,我还要请问您是否熟悉所有的自然原因?是否知道它们何者真实存在,何者可能存在?它们可以做哪些事情?请问您如何借由可化约为矛盾律的某个证据明确地知道某个事物存在,并且它出现的过程没有包含矛盾,而却只有上帝能让它出现?针对这些问题,我很乐于您能提供我所说的那种确定性。

再者,您说人们可以通过自然方式对不存在之物获得不完美的直观认识。但问题是,您怎么能确定(根据上面所说的那种确定性)您用自然方式获得的直观认识是关于不存在之物【而不是存在之物】的?对此,如蒙教诲,我将不胜欣喜。

因此,在我看来以下结论是很清楚的:若根据您的论点进行合理推论,您就必须承认我们无法确定五个感官的对象是否存在。但更令人难以置信的是,您也必须承认我们不确定自己的行为(例如自己在看或在听)是什么。您甚至必须承认我们不确定自己在感知任何事物,或曾经感知过任何事物。因为在《箴言四书注释》卷一讨论三(也就是上面引用过的地方)中,您说我们的理智没有关于自己行为的直观认识。您的证明是:任何直观认识都是明确的,但理智对自身行为的认识不是明确的。因此得证。现在,基于您的假设,我提出以下论证:如果理智对它清楚认识的事物是否存在都难以确定,那么它对于自己不那么清楚认识的事物就更加不会确定。但如上所说,我们对认识对象比对自己的认识行为有更清楚的认识。但我们不能确定对象是否存在。因此得证。

或许您会说,有时候抽象认识(例如"任何全体都大于它的部分")和直观认识一样清楚。但这种说法对您是无益的,因为您明确表示:我们对自己行为的认识不像直观认识那么清楚,而直观认识(至少是不完美的直观认知)并不会按自然方式产生明确的确定性。从您所说的来看,显然是这样的。因

---

① 译注:这两段话的意思是,不论有没有贝尔纳神父所说的附加前提,我们都无法从"白色被看见了"推出"白色存在"。

此,我们可以明确地推论:我们并不确定自己的感觉印象是否明确,因此,我们也就不能确定是否有任何东西在自己面前显现了。

由此也可推出:我们无法确定任何命题是真是假,因为我们不能确定是否有命题存在或存在过。因此,如果有人问我们是否相信信仰当中的某个条目,我们就必须说:"我不知道。"因为按照您的观点,我们不能确定自己的信仰行为。我特别强调这一点,因为如果我们能确定自己的信仰行为,那么这确定性或者来自信仰行为本身,或者来自某个别的行为。如果来自信仰行为本身,那么【对于信仰的】直接认识行为和反思认识行为就成了同一回事,但您不会同意这一点。而如果来自某个别的行为,那么根据您的观点,我们同样会不确定,因为没有比"对白色的视觉存在"而"白色不存在"更矛盾的东西了。

因此,综上所述,您似乎必须承认:我们对于外在于自己的任何事物都不确定。因此,我们不知道自己是在天上还是在地上,在火里还是在水里。也因此,我们不知道今天的天空是否还是昨天的天空,因为我们不知道天空是否存在,正如我们不知道大臣和教皇是否存在,以及如果他们存在,他们在每个时间点上是否是同一个人。同样,我们也不知道内在于自己的事情,例如自己是否有胡须、脑袋、头发等。此外,由此还可推知,我们也不确定过去发生的事,比如我们是否曾在读书、看、听。此外,我们的观点好像还会导致社会和政治事务的瓦解,因为当证人为其所见之物作证时,他也不能说"我看见某物,所以该物发生了"。另外我还要问:基于这一视角,使徒们怎么能确定基督在十字架上受难,以及他从死中复活?

我希望您能够就这些问题做出清楚的解释,但我也感到奇怪,既然【根据您所说的,】我们不确定我刚刚提到的那些事情,您又怎么能说我们对于各种更模糊的结论(例如关于第一推动者的存在)是清楚确定的呢?也很奇怪的是,既然您假定了我们不能确定有任何认识或命题(乃至于矛盾命题)的存在,您又怎么能相信您自己已证明了认识活动不同于认识对象?这是因为——如我前面所说——您甚至不能确定自己行为和自己心灵的存在,因而也就不知道它们是否存在。在我看来,您的观点将会导致古希腊学院派怀疑主义导致的相同谬误。因此,为了避免这种谬误,在我于索邦所做的论辩中,我认为我们显然可以确定五个感官的对象以及自己的行为。

针对您的论点,我提出了这些疑问和其他无穷无尽的许多反驳。神父,我乞求您能解开我的困惑。不论我多么愚蠢,总还是希望获得对真理的认识。愿您栖居在上帝之中,祂是光,在祂当中没有黑暗。

(二)《致贝尔纳神父的第二封信》①

尊敬的贝尔纳神父:

您的精微和深度足以让我心生仰慕,只要我能知道您对于分离实体(separate substances)②有明确的认识。但即使我对此只有少许信念,这也无损于我对您的仰慕,只要我能知道您对于与质料结合的实体有明确的认识。因此,神父,您既然肯定自己明确认识到了如此崇高的对象,我愿意对您敞开我充满疑问和焦虑的心灵,这样您就会给出一些指引,以便带领我和别人去认识这些伟大的事物。

我想讨论的第一个重点是这个原则:矛盾的两个东西不能同时为真。由此可以进而推出两点:第一,从否定的角度来看,上述原则是第一原则,也就是说,没有任何原则比它更重要了;第二,从肯定的角度来看,它是第一原则,意思是它先于所有其他原则。

【我想讨论的第二个重点是:】以上两点可以由以下论证来证明:我们所拥有的所有确定性(certainty)都可以化约为上述原则,但它不能像结论化约到它的前提那样化约为任何别的原则,由此可知,这个原则具有上述的双重首要性。根据上述对"第一"一词的解释,我们便能够明白这个论证,因为它的前提可以根据上述解释的两个部分来加以证明。就第一部分而言(即"除了第一原则的确定性之外,我们所拥有的一切确定性都可以化约为您说的这一原则的确定性"),我由此推出:有可能某物在我们看来是某个样子,但事实上不是如此,而且这不隐含任何矛盾,因此我们就无法明确地确定该物确实如此。显然,如果我承认上述前提为真,那么我也必须承认其结论为真。因此,对于我们自以为确定的一切事物,我们其实都不会明确而无条件地确定。由此来看,我们的所有确定性显然都可以化约为上述原则【即"矛盾的两个东西不能同时为真"】,而这一原则本身并不会像结论化约为前提那样化约为其

---

① 选自 L. M. De Rijk (ed. and tran.). *Nicholas of Autrecourt: His Correspondence with Master Giles and Bernard of Arezzo*. Leiden: Brill, 1994。标题为原书篇目。

② 译注:"分离实体"指的是无形体或非物质性的精神性实体。

他原则。由此可见,所有的确定性就如上所述,都化约为这一确定性,而且下面这个推论是有效的:如果这个原则先于所有和它不同的原则,那么就没有先于它的别的原则。因此,它就是第一原则,拥有上述的双重首要性。

第三个重点是,正如人们一般所说的,矛盾就是用同一谓词来同时肯定和否定同一主词。

根据上述讨论,我进一步推导出第一个结论:我们通过自然之光所拥有的明确确定性是绝对意义下的确定性,因为这是借助于第一原则才拥有的确定性,它既不曾、也不会和任何真正的原则互相矛盾。因此,任何在理性的自然之光下被证明的东西,都是被绝对地证明的。正如没有什么力量可以使矛盾双方同时为真,同样地,也没有什么力量能使【明确推论的】结论的否定和前提相容。

我得出的第二个结论是:明确的确定性是没有程度之分的。因此,如果有两个结论,而且我们对之都清楚确定,那么我们对其中一个并不比对另一个更确定;因为正如前述,任何确定性都可以化约为第一原则。因此,或者两个结论同样直接地化约为第一原则,而如此一来,我们就无法说其中一个比另一个更确定;或者其中一个结论间接化约为第一原则,而另一个结论直接化约为第一原则,但这种情形并没有造成任何区别,因为结论一旦化约为第一原则,我们对一个结论的确定性就和对另一个结论的确定性是一样的。正如几何学家说的,他对第二个结论和第一个结论的确定性是一样的,而且对第三个结论和其他结论也是一样的,虽然在他一开始考察时,由于复杂的推理过程,他对第四个结论和第三个结论的确定性不如对第一个结论的确定性。

鉴于上面所说,我得出的第三个结论是:除了信仰的确定性之外,只有第一原则的确定性,以及可以化约为第一原则的确定性,此外就再没有其他任何确定性了。这是因为确定性无非就是不建立在虚假之上的东西。假如某个确定性容许虚假的存在,那么既然确定性本身是存在的,我们就可以由此推出【这个荒谬的结论】:某人无矛盾地确定某件事,但这件事的对立面又为真。

第四个结论是:三段论的推论形式可以直接化约为第一原则。因为通过三段论证明,结论或者直接地、或者间接地化约为第一原则。如果是直接地,那么我的论点【即"三段论的推论形式可以直接化约为第一原则"】就已经得证了;而如果是间接地,那么,或者化约将无限进行下去,或者它最终将到达那个能直接地化约为第一原则的结论。

第五个结论是:对任何可直接化约为第一原则的推论而言,它的结论和前提(或者是所有前提,或者是一部分前提)其实是相同的。因为若非如此,我们就无法直接明确地知道前提和结论的否定不能同时为真。

第六个结论是:在每个可以化约为第一原则的明确推论中,不论中间有多少步骤,结论其实和前提或前提所表示的内容的一部分是一致的。这是因为,假定某个结论可以通过三个步骤化约为第一原则的确定性,那么结论和它紧接着的前提或前提所表示的内容的一部分是一致的。第二个推论也不例外,原因如上所述。因此,既然在第一个推论中,结论和前提或前提所表示的内容中的一部分是一致的,那么在第二个推论中也是如此,第三个推论也一样,由此可知,在这些推论中,从第一个到最后一个,最后一个结论其实和第一个前提或第一个前提所表示的内容的一部分是一致的。

基于上述讨论,我还得出以下结论:我们无法借助可化约为第一原则或其确定性的证据,从"我们知道某物存在"明确地推出"其他事物存在"。对于这一点,我只提出以下论证,尽管还有很多别的论证:如果我们从一件事情推出另外一件事情,那么在这样的推论中,结论其实并不和前提或前提所表示的内容的一部分一致。由此可知,我们无法以第一原则的确定性来知道上述那种推论的结论。我的反对者会假定和承认这个前提【即"我们从一件事情推出另外一件事情"】。而鉴于我们对"矛盾"的界定(也就是用同一谓词来同时肯定和否定同一主词),整个推论过程是明确的。因此,既然结论并不真的和前提或它的一部分一致,那么即使结论的否定和前提同时为真,同一事物显然也不会既被肯定又被否定。

但您回应说:虽然由于上述原因,这种情况没有形式上的矛盾,但它还是有潜在的矛盾。根据他的说法,如果我们可以明确地从一个矛盾推出形式矛盾,那么前面这个矛盾就被称为潜在矛盾。

但我们可以借助上述第五、第六个结论来反驳您的论点,因为我们已经证明了:在每个或直接、或间接可化约为第一原则的确定性的推论中,结论(不论是第一个还是最后一个)其实都和第一个前提或它的一部分一致。

我们还可以从另一个前提来证明这个结论。根据您的观点,从一个命题推出另一个命题的推论虽然没有形式矛盾,但还是有潜在矛盾,而形式矛盾显然可以从潜在矛盾中推出来。举例来说,假定有这样一个推论:"A 存在,所以 B 存在。"那么,如果从"A 存在"和"B 不存在"这两个命题能明确地推出一个形式矛盾,那么这或者是通过这两个命题中的某一个推出的,或者是通过它们当中的每一个推出的。但不论是哪种情况,这个观点都没有被确立,因为这些推论或者确实和它们的前提一致,或者不一致。如果是一致的,那么,在这些推论之间就没有形式矛盾,因为这里并没有对同一主词的同一谓词的肯定和否定。因此,在不同前提之间也没有矛盾。这就好比我们说"一个理性的动物存在"和"一个嘶叫的动物不存在"并没有形式矛盾,两者的原因是一样的。

但如果反驳者说这些结论和其前提不同,那么我可以按照前面那样的方式论证如下:【如果结论和其前提不同,】那么这种推论就不能明确地化约为第一原则,因为结论的否定可以和前提的内容无矛盾地相容。而如果反驳者说这里存在一个可推出形式矛盾的潜在矛盾,那么我可以提出和之前一样的论证:在这种情形下,或者结论可以无限化约下去,或者在绝对明确的推论中,结论和它的前提或前提所表示的一部分是一致的。

确实,您针对这个问题曾说,在绝对明确的推论中,推论的否定和前提并不必然不能同时为假,它们之间并没有对立矛盾的关系,因为他说这有一个明显的反例:"每一个动物在跑,所以每一个人都在跑",这个推论的结论的否定和前提可以同时为假,因此,它们之间没有对立矛盾的关系。

但就实际情况来看,上述说法并没有推翻我的论点。我无意主张推论的否定必然和前提相互矛盾,因为在很多推论中,前提所意指的可以比结论所意指的多,即使结论所意指的可以是前提所指内容的一部分。以这个推论为例:"房子存在,所以墙存在。"在这个例子里,结论的否定和前提就可以同时为假【而非相互矛盾】。我想强调的只是:在明确的推论中,结论的否定和前提(或前提所指内容的一部分)是相反或矛盾的。

显然,这个道理在任何有效的三段论中都成立,因为既然出现在结论当中的任何词项都会出现在前提当中,那么结论的否定和前提所指的内容就是相反或矛盾的。在任何【三段论】推论中都是如此,即便省略三段论(enthymeme,即心灵中的不完全三段论)的正确性也完全取决于它预设的命题。

为了支撑我的主要论点,我进一步提出以下这个论证:没有任何推论可以证明三段论的端项之间的一致会大于端项和中项之间的一致,因为前者唯有依据后者才能推论出来。但如果从"一个东西存在"可以推出"另一个东西存在",那么和上面相反的情况就会发生,因为结论的谓词和主词所意指的是一致的,但它们和意指另一物的中项不一致。

但您反对这一条规则,因为我们显然可以根据某个可以化约为第一原则的确定性的证据推出"白色存在,所以有别的事物存在"这个命题,因为白色不会存在,除非某个基体在其存在中包含了它。同样地,类似的例子是"A 现在是第一次存在,所以先前有另一物曾经存在",以及"火和燃料接触,而且没有阻碍的因素,所以会产生热"。

对于这些反例,我在别处已经给出了很多回答。但就目前而言,我认为即使有一千个这样的反例,它们也和我的论点毫不相干,或者它们相干,但其结论不会和我的论点冲突。因为在您所说的这些推论中,如果结论的含义或者和前提的整体一致、或者和其部分一致,那么他的论证是完全不相干的,因为我大可以承认这些推论是明确的,因此,我们推导不出来任何和我的观点相违背的东西。但如果结论和前提或前提的一部分不一致,那么即使我承认结论的否定和前提同时为真,我也不会因此而承认它们相互矛盾,因为矛盾指的是同一个主词的同一个谓词不可能同时被肯定和否定。因此,这种结论无法在第一原则的那种明确性当中推出来,因为第一原则的明确性就体现在:承认结论的否定和前提相容,就相当于承认矛盾的双方同时为真。以"房子存在,所以墙存在"这个推论为例,虽然某人可以承认房子存在但墙不存在,但他并未由此承认矛盾的双方同时为真,因为"房子存在"和"墙不存在"这两个命题不是矛盾的,因为它们可能同时为假。但他可以出于另一个理由而承认双方有矛盾,因为当我们说房子存在时,我们就表明了墙也存在,而这里的矛盾就是"墙存在"和"墙不存在"之间的矛盾。

任何拥有理智的人都可以从以上的说明来明白这条规则。我可以根据这条规则进一步推出以下命题:根据亚里士多德的观点,我们除了自己的灵魂外,从未拥有对其他实体的明确认识(我在这里把"实体"理解为有别于五个感官对象的事物和我们的形式经验的东西)。之所以如此,是因为【如果我们拥有对其他实体的明确认识,】我们就必须在进行推论之前就拥有对这些事物的认识。但事实并非如此,因为实体不是通过直观来认识的,如果它们是通过直观来认识的,那么乡巴佬也会知道它们存在。此外,实体也不是通过推论来被认识,换言之,它们不是从先于话语思想的被感知之物推出来的,因为(正如前述)我们无法从一个事物推出另一个事物的存在。而如果我们对复合的物质实体没有明确认识,那么我们对抽象实体的认识就更少了。

由此可知(不论您是否喜欢,因为支撑这个论点的不是我个人,而是理性论者),根据亚里士多德的自然哲学和形而上学,我们只对两个结论拥有确定性,而可能甚至一个都没有。您并不比亚里士多德更伟大,因此,按照他的看法,我们能够拥有的确定结论的数目就和亚里士多德所说的一样多,或许还更少。

此外,根据亚里士多德的观点,我们不只对上述事物没有确定认识,而且甚至也没有或然(probable)认识。虽然我自己并不主张这点,但我有一个我无法反驳的论证来证明它:如果某人并没有绝对明确地确定某个结论是否和其前提同一时刻为真,他就不会因为那个前提而拥有关于这个结论的或然认识。因为我们是通过以下这种方式才获得或然认识的:我之前把手放到火里时,我明确感到了热,于是我就认为,如果我现在把手放到火里,我感到热就是或然的。但从上述规则可知,以下这点对任何人都不是确定的:如果那些显现在感觉当中但并没有推论出来的事物真的存在,那么别的事物(即实体)也应该存在。由此可知,我们并不具备关于它们存在的或然认识。我不主张这一结论,但让那些能找到解决方案的人来反驳这个论证吧。

除了自己的灵魂之外,我们对任何和质料结合的实体都没有确定性,这一点是显而易见的,因为当我们指着一块木头或一块石头时,我们从同时拥有的信念中就可以无比清晰地得出"那里有实体"这一结论,但这个结论不是确定地推论出来的,因为即使这一推论的所有前提都是确定的,但也可能由于某种力量(如上帝的力量)的缘故,那里并没有那个实体。因此,我们无法借由理性的自然之光来根据这些前提确定地推出"那里有实体"。从之前解释的一切看来,这一推论是显而易见的,因为前面曾说:在自然之光中的明确推论是绝对确定的,因此,"结论的否定可以通过某种力量而和前提相容"就是矛盾的命题。或许有人会说:只要我们在前提之外补充"上帝没有在制造神迹"这个附加条件,那么这个推论就是确定的。但我们在给您的第一封信里已经驳斥这种说法了。

神父,我请您看看这些疑问,对我的愚蠢提些建议。我许诺,我不会固执地逃避真理,而是竭力接近真理。

第三篇

共相之争

引 言

"共相"(universalia, universal)的字面义是与个体或个别物相对的"普遍物"。实在论者认为共相是某个在个体当中的真实存在物,而唯名论者反对此说。除了亚里士多德之外,影响中世纪晚期哲学共相之争的哲学家已经不再是波菲力、波埃修和阿伯拉尔等人,而是来自伊斯兰的哲学家阿维森纳。后来的阿奎那和司各脱分别对阿维森纳的本性(nature,相当于"共相")学说做出不同诠释,前者认为本性本身没有任何真实存在,而后者主张本性具有某种小于个体的真实存在。司各脱的这种论点被称为"温和实在论"(moderate realism)。持唯名论的奥康对司各脱理论的逻辑基础——即所谓"形式区分"(formal distinction)——提出了一连串尖锐的批评。此外,奥康还认为"人"这样的普遍物或共相只是概念或词项。他进而试图以一种独特的语言哲学观——指代(supposition)理论——来解释"人"这样的统称词项(general term)的使用。

本篇摘录的文本包括阿维森纳在《第一哲学》当中关于本性的一段论述。这段话简短而晦涩,在13世纪产生了不小的影响。阿奎那的文本选自早期作品《论存在物和本质》的前三章。司各脱的三份文本选自他的《箴言四书注释订正本》卷二和《亚里士多德形而上学问题集》。奥康的文本选自他自己的《箴言四书注释订正本》和《逻辑大全》第六十三至六十六节。

第一章 阿维森纳

本性不是个别的,也不是普遍的[①]

动物本身就是某种东西。不论它是可感的,还是通过思想在灵魂中被领悟,动物本身都是一样的。但动物本身既不是普遍的,也不是个别的。因为如果它本身是普遍的,以至于动物性[②]是普遍的,那么任何动物都不可能是单一的,而反倒都是普遍的。反过来说,如果动物本身就是个别的,那么就不可能有另一个拥有动物性的个体,也不可能有另一个个体是动物。

马性的定义并不包含普遍性。马性本身毋宁是偶然地拥有普遍性的东西。因此马性本身无非就只是马性而已,因为它本身既不是多,也不是一,既不存在于可感物中,也不存在于心灵当中,既非潜在地、亦非现实地包含在马性的本质中。相反地,马性之所以是马性,就只是因为它是马性……因此,如果有人问:柏拉图的人性,就它是人性而言,是不是不同于苏格拉底的人性?那么我们对此的回答是否定的。但尽管如此,我们也反对他接下来的说法:"既然如此,这个【柏拉图的人性】和那个【苏格拉底的人性】就应该是数量上同一个东西",因为这两者是绝对不同的,因为就其本身而言,人性就只是人性而已,而苏格拉底的人性则是某个在人性本身之外的东西,但一开始的问

[①] 选自 Avicenna. *Liber de philosophia prima sive scientia divina*. S. Van Riet and E. Peeters (eds.). Leiden: E. J. Brill, 1977—1980。标题由编译者拟定。参考的英译本是 Richard N. Bosley and Martin M. Tweedale (eds.). *Basic Issues in Medieval Philosophy*, Ontario: Broadview Press, 2006。

[②] 译注:"动物性"指的是使得不同动物成为动物的本性(nature)或共性(common nature),也相当于动物的本质。举例来说,鱼和鸟虽然不同,但都是动物;使鱼是鱼的乃是鱼性(即鱼之为鱼的本性),使鸟是鸟的则是鸟性,而使鱼和鸟同样都是动物的,则是动物性这样的本性。受到阿维森纳这段话的影响,某些经院哲学家也会在特定语境中把共相称为本性。

题问的只是人性本身……因此,动物本身可以被视为独立的东西,尽管它也和另外某个它物共存,因为它的本质和这个它物共存。因此,它的本质属于它自己,而它的本质和它物之间的共存或者只是偶然发生在它身上,或者只是和它的本性相伴随的另一个东西,如"这个"动物性和人性。这样说来,正如非复合物先于复合物、部分先于整体一样,动物本身也先于某个动物而存在,不论后者是偶然的个体,还是事物或心灵中的普遍物。因为动物本身的存在方式既不是属,也不是种,也不是个体,也不是一或多。相反,就它本身的存在方式来看,它仅仅是动物。

第二章　托马斯·阿奎那

《论存在物和本质》①

根据哲学家在《论天体》第一卷中的说法,"差之毫厘,失之千里",既然如阿维森纳在其《形而上学》的开场白中所说,存在物和本质是理智的基本概念。因此,为了避免我们由于对其无知而产生错误,也为了探讨有关的困难,我们首先应当阐明"存在物"(being)和"本质"(essence)这两个名称的含义,它们各自是怎样显现在形形色色的事物中,又是怎样和属(genus)、种(species)和种差(difference)等逻辑概念产生关联。而既然我们应当借由认识复合物来认识简单物,并且从经验的事物认识先验的事物,那么我们在学习时就应该从比较容易的东西出发。因此,我们将从解说存在物的含义开始,进而去解说本质的含义。

第一篇　"存在物"和"本质"的含义

我们要注意,正如哲学家在《形而上学》卷五中所说,我们是在两个不同的意义下说某个东西是存在物本身。在其中一个意义下,只有十个范畴之下的东西才被称为存在物。在另一个意义下,把某物称为存在物意味着关于它的命题为真。这两者的区分在于:在后一个意义下,任何东西都可以被称为

---

① 选自 Thomas Aquinas. *De ente et essentia*. In *Opera omnia*, vol. 43. Fratres Praedicatores (ed.). Rome:Commissio Leonina, 1976。标题《论存在物和本质》为原书书名,篇名由编译者拟定。参考的英译本是 Joseph Bobik. *Aquinas on Being and Essence: A Translation and Interpretation*. Notre Dame:University of Notre Dame Press, 1965 和 Gyula Klima, Allhoff Fritz and Jayprakash Vaidya (eds.). *Medieval Philosophy: Essential Readings with Commentary*. Malden:Blackwell Publishing, 2007。因教材篇幅有限,本章仅摘录该书前三篇。

存在物,只要我们能够形成关于它的肯定命题,即使它并不真实存在。这样一来,缺乏(privation)和否定(negation)也就可以算作存在物了,因为我们会说"肯定是和否定相对立的"以及"盲是存在于眼中的"。但在第一个意义下,只有真实存在的东西才能被称为存在物。这样一来,盲以及诸如此类的东西就不再能被称为存在物了。由此可知,"本质"这个词并不是由言说存在物的第二个意义引申出来的,因为按照这种方式,某些事物虽然被称为存在物,但是没有本质。这在缺乏(privation)的情况下很清楚。毋宁说,"本质"这个词是由言说存在物的第一个意义引申出来的。因此,注释家在同一处解释说:"只有在第一个意义下理解的存在物才可称为事物的本质。"

既然如上所述,按照这种方式所言说的存在物属于十个范畴之下,那么所谓本质就应当意指那些被所有自然本性所共有的东西,各种不同的存在物就是据此而被归属到各种不同的属和种之下的,如人性是人的本质,依此类推。另外,既然某物借以被限定为它自身的属和种的东西,就是表明该物"是什么"(quid,what)的定义所意指的东西,那么哲学家们也用"实质"(quidditas,quiddity)这个词取代"本质"一词。哲学家们常常将之称为"某物借以成为该物的东西",即那种使某物是其所是的东西。本质也被称为"形式"(form),因为如阿维森纳在《形而上学》卷二中所说,每个东西的限定特性都是借形式表现出来的。而如果按照波埃修在其著作《论两种本性》中所指出的本性的四种意义中的第一种,那么本质又可以称为"本性"(nature)。因为按照这个意义,所谓本性就是我们所说的"一切能够被理智认识的东西,不论是以什么方式",因为没有任何东西能够不借定义和本质而成为可被认识之物。所以哲学家在《形而上学》卷五中说,每个实体都是一种本性。但"本性"这个词在这种意义下似乎意指一个东西借以限定其特殊活动的本质,因为没有任何事物可以脱离其特殊活动而孤立存在。而"实质"这个词确实源于为定义所意指的东西,而它之所以被认识为本质,则是因为存在物只有借着它并且在它当中才拥有存在。

尽管如此,因为"存在物"这个词在绝对和主要意义下是用来述谓实体的,而只在相对和次要意义下用来述谓实体的偶性,所以只有实体才在严格真实的意义下拥有本质,而偶性只在某种引申和从属的意义下拥有本质。

再者,虽然有些实体是简单的,有些实体是复合的①,但本质同样存在于两者当中。不过,由于简单实体以更高级的方式拥有存在,本质也就以更为真实、更为高级的方式存在于它们当中,因为简单实体是复合实体的原因,至少就第一简单实体(即上帝)而言是如此。然而,由于这些实体的本质对我们而言更加隐蔽而难以认识,所以我们应当从复合实体的本质入手,正如从比较容易的事情起步,学习起来更为顺当一些。

第二篇　复合实体的本质

复合实体当中有形式和质料,例如人当中就有灵魂和身体。但我们不能说形式和质料中的任一方都可以被称为复合实体的本质。只凭一个东西的质料不能构成复合实体的本质,这一点是很明显的,因为这个东西唯有借着它的本质才能被认识,也唯有借着它的本质才被归于它所属的种或属之下,但质料无法构成认识的原理。此外,一个东西之归属于它的属或种,也不是由它的质料决定的,而毋宁说是由某种现实的东西决定的。

形式本身也不能作为复合实体的本质,即便有人极力这么主张,因为正如前述,一个东西的本质显然是该事物的定义所意指的东西,但自然界的实体的定义不仅包含形式,而且还包含了质料,否则它们的定义和数学定义就会毫无二致。

此外,我们也不能说质料之包含在自然界的实体的定义中,就好比某种东西被附加到实体的本质之上,或者好比某一存在物处于它的本质之外,因为这种定义方式只适合于偶性,而偶性所拥有的本质是不完整的,因为偶性的定义包含了它们所依附的基体(subject),但这个基体处于它们的属之外。由此可见,本质显然包含了质料和形式两者。

再者,我们也不能说本质是质料和形式之间的某种关系,或是一种附加到它们之上的东西,因为这么一来,本质就势必成了事物的偶性和外在于事物的东西,而事物也就不再是借它的本质而被认识的,而这一切正好都是本质的特征。因为形式是质料的现实,质料是借着形式才成为现实的存在物和这个特定事物。因此,那随之产生的事物并不能够绝对地赋予质料以现实存在,而只是像偶性那样在某些方面上赋予现实存在。例如,当白使一个东西

---

① 译注:复合实体由部分构成,简单实体则不是这样。"部分"在这里指的是形而上意义下的一组构成因素或原理,如质料和形式,或潜能和现实。

现实地白了的时候,情况就是这样。当某物获得这样的形式之后,我们并不能说有个东西在绝对意义下被产生出来了,而只能说这个东西的某个方面被产生出来了。

综上可知,唯一的可能解释是:对复合实体而言,所谓本质指的无非就是由质料和形式复合而成的东西。这一论点和波埃修在《范畴篇注释》中的说法是一致的。他在书中宣称"本质(ousia)意指复合而成的事物",因为波埃修本人在《论两性》中说,希腊语中的 ousia 和我们【拉丁语】所说的 essentia 是同一个意思①。阿维森纳也说,复合实体的实质就是形式和质料的复合物本身。注释家在《形而上学注释》卷七中也曾经指出:"可被生成物的种的本性乃是某种居中之物,也就是说,是由质料和形式复合而成的东西。"

再者,上述论点也是合乎道理的,因为既然复合实体的存在既不只是形式,也不只是质料,而毋宁是它们两者的合体,而且所谓本质则是某物借以被称为存在物的东西,那么一物借以被称为存在物的本质就必然不只是形式,也不只是质料,而是兼及它们两者,尽管只有形式才是构成这样一类存在的原因。同样地,在由多个原理构成的个别类型的东西中,我们也看到它们并不只是由这些原理中的任何一个来命名的,而毋宁是取自这两者。例如,就味觉而言,这一点就很清楚。虽然甜味是由散布水分的热气的活动所造成的,而且热气在这种情况下是甜味的原因,但一个东西之所以被称为甜,并不是因为它的温度,而是因为它的味道,而它的味道整合了热气和含水分的东西。

然而,既然质料是个体性原理,我们似乎就可以说:自身同时包含质料和形式的本质只能是个别的,而不可能是普遍的。由此可以得出以下结论:既

---

① 译注:希腊语的 ousia 的字面意思是"存在物",而在亚里士多德哲学中,ousia 通常指的是"实体",对应英语的 substance。

然所谓本质是由定义意指的东西,那么我们对共相或普遍物(universalia, universal)①便不可能做出任何定义。正因如此,我们必须注意:并非任何意义下的质料都能构成个体性原理,只有特指质料(designated matter)才行。我所谓的特指质料是指那种拥有限定维度(determined dimensions)②的质料。不过,这种质料并没有被包含在人之为人的定义中,而只适用于【特定个体,例如】苏格拉底的定义(如果苏格拉底有定义的话)。另外,人的定义包含了非特指质料,因为人的定义所包含的并不是这根骨头和这块肌肉,而只是绝对意义下的骨头和肌肉,而这种绝对意义下的骨头和肌肉正是人的非特指质料。

因此,很显然地,人的本质和苏格拉底的本质之间的不同,就在于非特指质料和特指质料之间的不同,此外无他。因此注释家在《形而上学注释》卷七中说:"苏格拉底无非就是其动物性和理性而已,这二者构成了他的实质。"同样地,属的本质和种的本质的区分也只在于非特指质料和特指质料的不同,尽管在属和种这里,特指的方式有所不同:从种的角度特指个体时,我们得通过有限定维度的质料,而从属的角度特指种时,则要借由源自该物形式的构成性种差(constitutive difference)。然而,属下面的种的特指或限定并不来自存在于种的本质、而根本不存在于属的本质中的某个东西。正相反,任何存在于种当中的,都以未被限定的方式存在于属当中。举例来说,如果动物不是人之所是的全部,而只是人的一个部分,那么我们就不可能用"动物"来述谓人,因为部分不能用来述谓由它构成的整体。

如果审视一下作为动物之一部分的物体(body)何以有别于作为属的物体,我们就会明白事情何以如此,因为作为属的物体不可能成为整体的不可

---

① 译注:本教材采用学界通用的汉译,将 universal 译为"共相"。汉字的"相"从"目",本义是观看,引申为事物的外观样貌。就此而言,一物之"相"总是相对于观看者或认识者而言的。但若纯粹从这个角度来理解中世纪哲学所谓的 universal,就不免从术语定义的角度直接将之判定为某种不真实的观念性事物,这显然不妥。事实上,universal 的本义是"普遍物"或"普遍的东西"。相对于只出现在单一时空点的个体而言,普遍物可以出现在多个时空点,例如"人"这个东西出现在古希腊的苏格拉底和春秋时期的孔子这两个个体当中。中世纪共相之争探讨的并不是相对于观看者的"相"本身是否有独立于观看者的真实存在(这显然是毋庸置疑的),而是普遍物是否有独立于心灵、在个体当中的真实存在。

② 译注:"限定维度"意指拥有特定的广延性,或特定的长度、宽度、高度。

或缺的一部分。"物体"这个词可以有多个意义。之所以说物体是某个实体的属,是因为任何被称为物体的东西都拥有"可被特指的三个维度"的本性,而这些被特指的维度就是"量"这个属当中的物体。但有时也会出现以下情况:拥有一种完满性的东西还能获得进一步的完满性。这在人身上是很明显的,因为他拥有感觉的本性,又可以进一步拥有理智的本性。同样地,另一种完满性(如生命或其他的完满性)也可以被附加在"可被特指的三个维度"这种形式的完满性之上。因此,"物体"这个词可以指这样一种东西:它拥有三个维度的限定性,但没有任何别的限定性。换言之,这种形式不能产生进一步的完满性,而如果有别的东西附加上去,那么这个东西就超出"物体"的意涵了。在这个意义下,物体就是动物的不可或缺的质料部分,因为灵魂超出了物体这个词所意指的范围。灵魂是某种附加在物体之上的东西,而动物则是由灵魂和物体复合而成的,仿佛它们是构成动物的两个部分。另外,"物体"这个词也可以意指拥有"可被特指的三个维度"这种形式的事物,不论这种形式能否产生进一步的完满性。在这个意义下,物体就成了动物的属,因为动物包含的一切都隐含在物体当中,而灵魂无非就是事物的三个维度得以被特指的形式。因此,当我们说物体是那种拥有"可被特指的三个维度"的形式的东西时,我们的意思就是:这里说的是任何一种形式,不论是动物性、石头性,还是其他任何东西。这样一来,就物体是动物的属而言,动物的形式就隐含在物体的形式中。

动物和人的关系也是如此。如果所谓动物只是一些借着存在于其自身当中的原理而拥有感觉、运动等完满性的东西,却不能接纳任何别的完满性,那么任何附加于其上的完满性就都是动物的组成部分,而不是隐含在动物概念中的东西。这样一来,动物就不是属。但如果动物指的是这样一种事物,感觉和运动都能够从它的形式中产生出来(不论这形式是什么样的,也不论它是一种只能感觉的灵魂,还是一种同时拥有感觉和理性的灵魂),那么它就是属。

由此可知,属泛指种之下的整体,而不只意指质料。同样,种差也意指种之下的整体,而不只意指形式。而定义和种则是意指整体的,不过它们意指的方式并不相同。首先,"属"这个名称之所以意指整体,是由于它限定了真实事物当中的质料部分,但没有限定其固有形式。因此,属并不是质料本身,而是来自质料。由此可见,我们之所以把一个东西称为物体,乃是因为它拥有"可被特指的三个维度"的完满性,而这种完满性在质料方面还可以拥有进一步的完满性。其次,"种差"这个名称是源自某个限定形式,并且以某种限定方式(即不包含限定质料)被理解。当我们说一个东西"有生命"或"有灵魂"的时候,情形就是如此,因为我们并未表明这个东西究竟是一个物体还是别的东西。正因如此,阿维森纳才说,属并不是种差的本质的一部分,而只能是其本质之外的某个东西,正如对属性的认识并不包含它的基体一样。同样地,哲学家在《形而上学》卷三和《论题篇》卷四所言,严格说来,属并不述谓种差,除非是以类似于基体述谓属性的方式。最后,种差定义和种包含了两者,也就是由"属"这个词所指的限定质料,以及由"种差"这个词所指的限定形式。

由此可知,属、种和种差就相当于质料、形式及真实世界当中质料和形式的复合物,尽管它们并非同一回事。因为属并不是质料,尽管它源自意指整体的质料;种差也不是形式,尽管它源自意指整体的形式。因此,虽然我们说人是理性的动物,但我们不会说"动物"和"理性"就像身体和灵魂一样组成了人。因为当我们说人由身体和灵魂组成时,意思是这两个东西构成了第三个东西,而这第三个东西不同于前两个东西中的任何一者,因为人实际上既不是灵魂,也不是身体。但如果我们在某个意义下说人是由动物和理性组合而成的,那么这并不表示人是由这两个东西组成的第三个东西,而是说"理性"和"动物"这两个概念组成了"人"这第三个概念。"动物"这个概念不拥有种的特定形式的限定,它毋宁是从拥有最低程度的完满性的质料的角度来意指事物的本性。"理性"这一种差概念则对特定形式做出限定,而种的概念或定义就是由这两个概念构成的。因此,正如由其他事物构成的某个东西不是这些事物当中的任何一个,同样地,由其他概念构成的某个概念也不是这些概念中的任何一个。因此,我们显然不能说定义就是属或种差。

尽管属可以意指种的整个本质,但同一个属的各个不同种不一定只有一个本质,因为属的统一性正是来自于它的非限定性或无差别性。但这并不是因为属所意指的东西是存在于各个不同种当中的数量上的同一个本性,以至于那限定着它的种差不过是附加到它上面的某种别的东西,仿佛形式限定了数量上同一个质料那样。相反地,这其实是因为属意指某一形式,也就是由属泛指的东西,而不是特定的这个或那个形式,因为特定形式是由种差来限定和表达的。因此,注释家在《形而上学注释》卷十一中就说:"原初质料

(prime matter)被称为一是因为它不具有任何形式,但属被称为一则是由于它意指的诸多形式有共同内容。"所以,很显然,一旦种差被附加上去,导致种的统一性的非限定性就被排除了,而这就产生了本质上彼此不同的各个种。

再者,既然如上所述,种的本性对于个体来说是非限定的,就像属的本性对于种一样。因此,正如述谓种的属在其意义中包含了(尽管是含混地)种当中一切限定性的东西,同样地,述谓个体的种也在其意义中包含了个体当中一切本质性的东西,尽管这只是含混地意指出来的。举例来说,种的本质是由"人"这个词意指出来的,然后"人"这个词被用来述谓苏格拉底。然而,如果我们把作为个体性原理的特指质料从种的本性当中排除出去,那么种就只是作为一个部分而和个体相关的,而"人性"这个词就是这样意指事物的,因为人性意指的是使人之所以为人的那个东西。但人之所以为人并不是因为特指质料,因此特指质料并不属于那些使人之所以为人的东西。因此,既然人性这个概念只包括那些使人之所以为人的东西,那么特指质料显然就被排除在这个概念的意义之外了。而既然部分不能用来述谓整体,那么人性便不可能述谓某个个人,也不可能述谓苏格拉底。所以阿维森纳才说,复合物的实质并不是那个复合物本身,即使实质本身是复合的。例如,人性虽然是复合的,但并不就是人,除非它先被某个东西(也就是特指质料)所接纳。

但如前面所说的,我们是通过形式来从属的角度特指种,并且通过质料来从种的角度特指个体。因此,如果一个名称意指属的本性,它就排除了那个使种完整的限定形式,并且意指整体中的质料部分。例如,身体是人的质料部分。然而,如果一个名称意指种的本性,并且排除了特指质料,那么这个名称就意指形式部分。例如,"人性"意指某个形式,并且是整体的形式,而不是附加在本质部分(即形式和质料)之上的形式,仿佛房子的形式附加在它不可或缺的部分之上。毋宁说,人性这个形式就是一个整体,换言之,它是包含了形式和质料的形式,不过它排除了一切作为特指质料的东西。

因此,显而易见,"人"(man)和"人性"(humanity)这两个词虽然都意指人的本质,但如上所述,它们意指的方式并不相同。"人"意指的是作为整体的人的本质,换言之,这个本质并不排除特指质料,而是隐约而含混地将其包含在内,就像我们说属包含着种差那样。正因如此,我们才用"人"这个词来述谓个体。但"人性"意指作为部分的人的本质,因为它的意涵只包含了那属于人之所以为人的东西,而排除了一切特指质料,因此也就无法用来述谓个别的人。基于上述理由,"本质"这个词有时候被用来述谓某个东西,例如我们会说"苏格拉底是一个本质【即人】"。但"本质"这个词有时候也被用来否定某个东西,例如我们也说"苏格拉底并非苏格拉底的本质【即人性】"。

第三篇　本质和属、种、种差的关联

在解释了"本质"这个词在复合实体中所意指的东西之后,我们接下来就要说明这个词是以什么方式联系到属、种和种差。

由于"属""种""种差"这些概念是用来述谓特指的个体,所以如果本质只意指个体的一个部分(如"人性"或"动物性"),那么属和种这些普遍概念就不适用于本质。正因如此,阿维森纳才说"理性"(rationality)不是"理性的"(rational)这个种差,而是种差所根据的原理。① 基于同样的理由,人性不是种,而动物性也不是属。同样地,我们也不能像柏拉图主义者常常主张的那样,宣称属和种这些概念适用于存在于个体之外的本质。若是如此,那么属和种就无法用来述谓个体了,因为我们不能说苏格拉底是一个可以和自己分离的东西,何况分离物对于认识个体来说也没有起到任何作用。因此,唯一的可能解释便是:当本质被用来意指整体时,属和种的概念是适用于本质的,例如,"人"或"动物"这些词就隐约而含混地被包含在个体当中。

然而,这种意义下的本性或本质可以从两种方式来理解。第一种方式是根据它本身的概念,这是认识它的绝对方式。按照这种方式,除了本身就是本质的东西之外,没有任何东西能被视为本质。如果有其他东西被当作本质,那么这种认识一定是错误的。例如,人的本质就在于动物性、理性以及其他被人的定义所包含的东西,而白、黑等不包含在人性概念中的一切东西就都不适用于作为人本身的人。因此,如果我们问按照这种方式理解的本性究竟是"一"还是"多",那么我们就不应当承认这两者中的任何一个,因为"一"和"多"都是处于人性概念之外的,并且都可能和人性结合。假使"多"存在于这种本性的概念中,它就绝不可能是"一",虽然就它存在于苏格拉底身上而言,它确实为"一"。同样,如果"一"存在于这种本性的概念中,则它在苏

---

① 译注:以"动物"这个属和"动物性"这个本质为例,我们可以说"苏格拉底是动物",但不能说"苏格拉底是动物性",因为"动物"这个概念意指作为整体的苏格拉底,而"动物性"只意指苏格拉底的一部分。但这并不表示属和本质毫无关联,因为作为逻辑概念的属来自真实的本质——在这个意义下本质是属的原理。

格拉底和柏拉图身上就是同一个,它在许多个体身上就不可能成为"多"。理解本质的第二种方式是根据它在这个或那个个体当中的存在。按照这种方式,如果本质存在于某个东西当中,我们便用这个东西来偶然地述谓本质。例如,我们说"人是白的,因为苏格拉底是白的",尽管白并不适用于作为人本身的人。

按照这种方式理解的本性拥有双重存在:一方面,它存在于个别物当中;另一方面,它又存在于灵魂当中。就这两方面而言,本性都拥有偶性。在个别物中的本性有多个存在,但按照绝对意义来理解的本性本身并不拥有在个别物或灵魂当中的存在。因为如果我们说人的本质本身就存在于这个个别的人当中,这显然是错的,因为这么一来,人的本质就永远不会存在于其他个别的人当中。同样地,如果人的本质本身本来就不存在于这个个别的人当中,那么它就永远不会存在于它当中。但就人的本质来说,它不一定存在于这个或那个个别的人或灵魂当中,因为在绝对意义下来理解,人的本性显然是从所有的存在物当中抽象出来的,但它并不因此而无法存在于它们中的任何一个之中。本性正是在这个意义下才被用来述谓所有拥有这些本性的个体。

尽管如此,"共相"这个概念并不适用于这个意义下的本性,因为共相这个概念有统一性和共同性的意思,而它们都不适用于绝对意义下的人性。因为如果"人"这个概念包含了共同性,则任何拥有人性的东西也会拥有共同性,但这是荒谬的,因为我们没有在苏格拉底身上发现任何共同性。相反地,他身上的一切东西都属于他这个个体。同样地,我们也不能说属或种的概念适用于存在于个体当中的人性,因为个体当中的人性并不拥有那种属于【相同本性的】所有东西的统一性,但这种统一性对共相而言是不可或缺的。

因此,唯一的可能解释便是:种概念之所以适用于人的本性,是因为它存在于理智当中。人性本身从所有个体中抽象出来而存在于理智中,正因如此,它才无差别地关联到灵魂之外的所有个体,因为它对这些个体而言都是同样类似的,因此也就能够产生对于所有是人的东西的认识。正是因为人性和每个个体都有相同的关联,所以理智形成了种概念,并将之归于人性。因此,注释家在《论灵魂注释》开篇中说:"理智产生了事物中的普遍性。"阿维森纳在其《形而上学》中也说过类似的话。

相较于灵魂之外的事物,这种被认识的本性拥有共相的特征,因为它是它们所有【被认识之物】之间的相似性。尽管如此,就被认识的本性存在于这个或那个理智当中而言,它却是某个实际上被认识的个别的种。由此看来,注释家在《论灵魂注释》卷三中的错误是很明显的。他试图从被认识的形式的普遍性推论出所有人共同拥有一个单一的理智,但他的推论并不正确,因为被认识的形式的普遍性并不来自这种形式在理智当中的存在,而是来自它在几个真实事物之间的相似性。这就好比一尊人身塑像代表了许多人,而就塑像的形象或形状存在于这个特定质料当中而言,它所拥有的是个别的存在,而就它是许多人的共同表征而言,它才拥有了共同性。

因为"人性"是在绝对意义下被用来述谓苏格拉底,又因为种概念不属于绝对意义的人性,而只是附属于理智当中的人性的偶性之一,所以"种"这个概念不能用来述谓苏格拉底。因此,我们也就不能够说"苏格拉底是一个种"。如果我们可以说"苏格拉底是一个种",那么这只能够是因为种概念属于存在于苏格拉底当中的人性,或因为种概念属于绝对意义下的人性(即人本身),而这么一来,任何属于人本身的东西都会被用来述谓苏格拉底。然而,"被述谓"是属本身的特性之一,它就包含在种的定义当中,因为述谓是在理智的判断活动中完成的,并且以述谓对象和被述谓对象的统一性的真实存在为基础。因此,可述谓性便可以归入种概念的定义当中,而这同样是由理智的活动来完成的。但当理智把可述谓性归于某物、将它述谓给其他某个东西时,这个东西并不是种概念本身,而是种概念所述谓的东西。"动物"这个词所意指的东西就是这样。

以上是对本质和种概念的关联的解释。种概念并不是本质在绝对意义下的性质,也不是存在于灵魂之外的本质的偶性,如白色或黑色。它毋宁是存在于理智当中的本质的偶性。"属""种差"等概念也是以同样方式关联到本质的。……

第三章 约翰·邓斯·司各脱

（一）物质实体是否因为自身（即其本性）而是个别的？①

【1】为了清楚理解关于物质实体的个体的区分的不同论点，我将针对这个主题提出几个不同的问题。第一个问题是：物质实体是否因为自身（也就是因为它的本性）而是个别或单一的？

针对这个问题，有这样一种肯定性的论点：根据哲学家在《形而上学》卷七中对柏拉图的批评，任何东西的实体都是这个东西特有的，而不属于其他任何东西，因此得证。由此可知，物质实体是由于其本性——而非其他性质——的缘故，才是它所属之物特有的，而且由于其本性之故，它不可能出现在其他任何东西中。因此，物质实体之所以是个体，就是因为其本性。

【1.1】对上述论点的反驳是：任何由于其自身的本质特征而属于某物的东西，在任何情况下都属于该物。因此，如果石头的本性本身就是"这个"（haec, this），那么不论什么东西拥有石头的本性，这个东西的本性都将是这个石头，但这个结论是荒谬的，因为我们现在讨论的是被限定的个体性②。

【1.2】此外，本身就拥有某个性质的东西，不可能拥有相反的性质。因

---

① 选自 John Duns Scotus. *Ordinatio* Ⅱ, d. 3, part. 1, q. 1. In *Opera omnia*, vol. 7. P. C. Balic (ed.). Civitas Vaticana: Typis Polyglottis Vaticanis, 1973。标题出自原书。编译者参考的英译本是 Paul Vincent Spade (ed. and tran.). *Five Texts on the Medieval Problems of Universals: Porphyry, Boethius, Abelard, Duns Scotus, Ockham*. Indianapolis: Hackett Publishing, 1994。

② 译注："被限定的个体性"意指专属于某个特定个体的个体性。司各脱认为如果石头由于其本性本身就是"这个"，那么拥有相同本性的不同石头会拥有相同的非限定个体性，而这种非限定个体性无法解释为什么这个石头是这个石头而不是那个石头。

此,如果某个本性本身是数量上的一(numerically one)①,那么它就不可能是数量上的多。

【1.2.1】针对上面的反驳,有人会这么回应:正如本性本身在形式上是本性,它本身也是个体。这样一来,我们就没有必要在本性这个原因之外再去寻找个体性的原因,仿佛本性在成为个体之前(不论是时间还是本性上的"之前")只是本性,而后才通过某种因素而被限缩为个体。

我们可以通过类比来说明这个论点:正如本性在灵魂之外拥有真实存在,但它在灵魂内只有凭借其他东西(也就是灵魂自己)才能存在(因为真实存在无条件地属于本性,而灵魂中的存在只是有条件地属于本性),同样地,普遍性也只有凭着有条件的存在(即灵魂中的存在)才能属于某个东西,而个体性则是由于其真实存在才属于某个东西,所以它无条件地属于这个东西本身。因此,我们必须为本性的普遍性寻找原因,而理智正是这个原因。但我们不需要寻找原因(某个不同于本性、作为本性和个体性的中介的原因)来解释为什么某个本性是个体,因为使得某物成为统一体(unity)②的原因也导致了该物的个体性。因此得证。

【1.2.1.1】对上述回应的再反驳如下:任何对象就其作为对象而言,其主要存在方式都是基于其本性的活动。现在,按照上述说法,就其活动来看,对象本身就是个体,因为我们不去考虑对象和其他事物的关系或者它在灵魂当中的存在。因此,当理智通过共相这个普遍概念来认识对象时,它就是通过和这个对象本身相反的东西来认识这个对象,因为对象先于理智的活动,所以对象本身就被限定为共相的对立面。③

【1.2.1.2】此外,如果某物是真实统一体(real unity)④,而这个统一体一方面专属于该物并且足以确保该物存在,但另一方面小于数量统一体

---

① 译注:"某个东西是数量上的一"的意思是"它是一个而非好几个东西"。在中世纪哲学中,"一"连同"存在物"都被视为超范畴物。参见词汇表对超范畴物的解释。
② 译注:"统一体"意指"是一的东西"。"是统一体"的意思相当于"有统一性(unity)""是一""是一个东西"。
③ 译注:这个论证的意思是,假设对象本身就是个体,那么当理智用共相来认识对象时(例如用"人"这个概念来认识苏格拉底,做出"苏格拉底是人"的判断),理智的认识就错了,但这是荒谬的。因此,对象本身不是个体。
④ 译注:"真实统一体"意指"真实存在的一个东西",简言之就是真实存在物。

(numerical unity)①,那么该物本身并不是数量统一体,换言之,它不是"这个"或"一个"东西。但存在于这块石头当中的本性是真实统一体,并且专属于该物且足以确保其存在,但另一方面小于②数量统一体。因此得证。③

【2】上述论证的大前提【即"如果某物是小于数量统一体的真实统一体,那么它本身不是个体"】是不证自明的,因为如果某个统一体足以确保某物本身是一,那么该物就不会再由于某个较大统一体④而成为一。因为如果某物的专属统一体(也就是它本身就拥有的统一体)小于数量统一体,那么数量统一体就不会由于该物的本性而属于它,否则该物就会因为自己的本性而同时是较大和较小的统一体。但就同一物而言,较大统一体和较小统一体是不相容的,因为和较大统一体对立的多可以不矛盾地和较小统一体共存,但这个多不能和较大统一体共存,因为这是荒谬的。因此得证。

【3】对上述论证小前提【即"本性是小于数量统一体的真实统一体"】的证明:既然所有不同于个体性和种的本性的统一体都小于真实统一体,那么假如本性这个真实统一体不小于数量统一体,那就没有任何真实统一体会小于数量统一体。但根据下面提出的六个证明,上述条件句的后件为假⑤。因此得证。

【3.1】第一个证明是:哲学家在《形而上学》卷十中指出,"每个属当中都有一个根本物,它是衡量该属之下一切东西的标准和尺度"。一方面,这个根本标准的统一体是真实的,因为哲学家证明了任何拥有标准的东西都是一,他还以排序方式来证明属当中拥有这种特性的东西是一。但这个统一体属于某个东西,因为它是那个属当中的根本物,而这个根本物是真实的,因为被

---

① 译注:"数量统一体"意指"数量上是一的东西",即个体,而"数量统一性"就相当于个体性。

② 译注:司各脱认为就物质实体而言,个体本身或数量统一体是最高程度的统一体,所以和个体不同的东西(例如个体的本性)不但不是数量统一体,而且还都小于数量统一体。

③ 译注:司各脱在【1.2.1.2】中的基本论点是某些真实存在物(即本性)不是个体。他的论证可以概括如下:对任何东西 X 而言,如果 X 是小于个体的真实存在物,那么 X 本身不是个体。但本性是小于个体的真实存在物。因此,本性本身不是个体。

④ 译注:"较大统一体"指数量统一体或个体,与之相对的"较小统一体"则指本性或种。

⑤ 译注:司各脱接下来提出的论证其实总共有七个,其旨在指出"没有任何真实统一体会小于数量统一体"为假——换言之,其旨在指出有一些真实存在物不是个体。

它衡量的各个物都是真实的,而它们也都被真实地衡量,而且真实的存在物无法被思维中的存在物真实地衡量。因此,这个统一体是真实的。

但另一方面,这个统一体并不是数量统一体,因为属之下的任何一个个体都不能作为其他所有个体的标准,因为正如哲学家在《形而上学》卷三中所说:"同一种的个体之间并没有先后之分。"在解释这段话时,注释家说明了"先"的意思,但他的解释并不影响原本的小前提,因为哲学家本来的用意是解释为什么柏拉图认为种拥有分离性、不在属当中。他的解释是:一个种当中的事物之间有一本质性的序列,它使得这些事物中的较后者可以被化约为较先者。正因如此,所以我们不需要为种的存在设定某个被它们分有的属,而只需要设定一个先于其他所有种的最先种即可。另外,根据柏拉图和哲学家的转述,不论一个个体是否构成了另一个个体,在它们之间都没有这种本质性的序列。因此得证。所以哲学家在《形而上学》卷十中的原意是同意柏拉图的观点,即同种的个体之间不存在本质性的序列。从而,没有任何个体是同种当中其他个体的标准。从而,没有任何数量统一体或个体的统一体是这种标准。

【3.2】第二个证明是:根据哲学家在《物理学》卷七中所说,只有在不可划分的种当中的事物才可以被比较,因为在这种情形下,被比较的事物有同一个本性,但同一属的事物就无法被比较,因为属不是那种【有同一个本性的】统一体。①【不可划分的】种的统一体和属的统一体之间的这种差别并不是主观性的差别,因为属概念和种概念都是在同一个意义下是一,否则将没有任何概念能够用来述谓多个种,也将不会有属概念,因为在这种情形下用来述谓种的概念会和种本身一样多,而且在一切述谓中我们将会用同一个东西去述谓它自己,例如用种概念述谓种概念。此外,哲学家此处的论点【即

---

① 译注:"划分"(division)泛指将涵盖范围较大的属划分为其下较小的种。"不可划分的种"当中的东西不是更小的种,而是个体。举例来说,物体可以划分为动物和植物,而从动物划分出的一个种是人(即理性的动物),但在人这个种当中的东西是苏格拉底、柏拉图等,他们不是不同的更小种,而是不同的个体。因此,人是不可划分的种。亚里士多德在《物理学》卷七第四章中以颜色和白色为例,论证唯有不可划分的种当中的事物才能被比较:我们无法说有颜色的不同东西何者更有颜色、何者有更多颜色,却可以比较两个白色的东西何者有较大程度或较深的白色(亚里士多德预设了深白色和浅白色不是白色之下的种)。总体来说,亚里士多德要强调的是:涵盖范围较大的属过于笼统,因此不能被我们用来进行精确的比较。

"只有在不可划分的种当中的事物才可以被比较"】也无关乎概念或非概念的统一体。所以,他的意思其实是:种的本性是由于它自身的统一体才是一,但他并未因此而主张它是由于数量统一体才是一,因为我们无法对数量统一体进行比较。因此得证。

【3.3】第三个证明是:根据哲学家在《形而上学》卷五中对关系范畴的讨论,同一、相似、相等等关系都是基于一,因为虽然相似性是以属当中某物的某个性质为基础,但关系本身如果没有真实基础和真实的奠基关系,那么它不可能是真实的。因此,作为相似性关系的基础的统一体是真实的。但这个统一体不是数量统一体,因为同一个东西不可能和自己相似或相等。

【3.4】第四个证明是:在任何一个真实的相对关系(opposition)中都有两个真实的主要关系项,但对立(contrariety)是真实的相对关系,因为即使我们排除了理智的运作,某物仍然真实地毁坏或毁灭了另一物,而这只可能是因为它们构成了对立关系。因此,相对关系中的每一个主要对立项都因为某个统一体才是真实的一。但这个统一体不可能是数量统一体,因为在这种情形下,"这个白的东西"就只能是"这个黑的东西"的主要对立项,而这是荒谬的,因为这么一来,对立关系的数量会和对立个体的数量一样多。因此得证。

【3.5】第五个证明是:每个单一的感官活动都以某个由于真实统一体而成为一的东西为对象。但这个真实统一体不是数量统一体,因此,有某个不是数量统一体的真实统一体。

对小前提的证明是:感官在把握其对象时必须将它把握为统一体,而为此之故,它必须将这个对象把握为有别于其他不是这个统一体的东西。但感官无法将任何对象把握为有别于其他数量统一体的东西,因为没有感官能够辨认出这道阳光和那道阳光在数量上的区别,尽管它们因为太阳的运行而有所不同。如果上帝凭其无所不能的能力将两个完全相似、有相同白色的东西彼此并排,而且所有的共同可感对象(如位置或地点)都被消除了,那么视觉就无法辨认出两个不同的白色物体。但如果视觉将它们当中的任一个把握为数量统一体,那么视觉就会将那一个把握为有别于另一个数量统一体的东西。

我们还可用以下方式来证明小前提:感官的主要对象因为某种真实统一体而本身是一,因为正如感官对象本身先于理智,同样地,就其真实统一体的层面而言,它也先于理智的每一个活动。但这个论证并不像之前的论证一样有说服力,因为我们可以假设某个认识功能的主要对象是共同的,从所有个别对象中抽象出来,因而是那几个对象之间的共同统一体。但无论如何,这个假设似乎不能推翻以下这点:感官的单一活动的单一对象必然是小于数量统一体的真实统一体。

【3.6】第六个证明是:如果每个真实统一体都是数量上的统一体,那么每个真实差异(diversity)①都是数量上的差异。但上述后件并不成立,因为如果每个数量上的特异之物就数量而言都是相等的,那么每个东西就会在相同意义下是特异的,而这么一来,理智在苏格拉底和柏拉图之间能够发现的共同性就不会多于苏格拉底和一条线之间的共同性,而且所有共相都将成为理智建构出的产物。

对上述第一个结论【即"如果每个真实统一体都是数量统一体,那么每个真实差异都是数量上的差异"】的证明方式有两种:首先,根据《形而上学》卷十第五章,"一"和"多"、"相同"和"差异"都是一组对立物,但根据《论题篇》卷一,当我们谈及一组对立物当中的一个时,另一个也顺带被提到了。因此,每个统一体都有相应的特异之处。

此外,差异关系中的每个关系项本身都是"一",而一个关系项和自己之同一以及它和另一关系项的差异,都是出于同一个原因。因此,其中一个关系项的统一体似乎本身就是它和另一个关系项的差异的原因。

我们还可以用另一种方式为上述论点辩护。如果在某个个体当中只有一个真实的数量统一体,那么在这个个体当中的任何东西本身在数量上都是"一"。因此,这个个体和那个个体就会因为它们各自拥有的特性而在根本上彼此相异,因为彼此相异的两个个体之间并无任何共同之处。

【3.7】再者,即使理智并不存在,火仍然会产生火以及毁灭水,并且在生成者和被生成者之间会有一种导致单义生成②的形式的真实统一体,因为生成过程的单义性并不来自对此有所认识的理智,相反,理智只是将它认识为拥有单义性而已。

---

① 译注:参见词汇表对"差异"和"差别"的解释。
② 译注:当生成者和被生成者有同一本性时(例如当火生成火时),这种生成活动被称为"单义生成"(univocal production);反之(例如当火生成热),则被称为"歧义生成"(equivocal production)。这个论证的意思是:在火生成火这样的单义生成中,火真实存在着,但不是个体(因为个体不可能生成自己),所以火是小于个体的真实统一体。

【4】针对最初的问题,我同意以上证明的论点,并且我认为物质实体本身并不因自身的本性而成为个体。如若不然,那么就会如前面第一个证明【1.2.1.1】所说,当理智从和物质实体相反的角度去认识它时,就必定是从与之冲突的那个角度去认识它。

此外,根据第二个证明【1.2.1.2】和相关的所有证明【3.1—3.7】,事物当中有某个独立于理智运作的真实统一体,它小于个体独有的数量统一体,并且本身就属于事物的本性。由于本性是这独特的统一体,所以它对个体的数量统一体而言是无差别的(indifferent)。因此,本性并不因为数量统一体而成为一。

我们可以参照阿维森纳在《形而上学》卷五第一章中的说法来解释这一点。他说:"马性就只是马性,它本身既非一也非多,既非普遍也非个别。"我对这句话的理解是:马性本身不是基于数量统一体的一,也不是基于和数量统一体相对的多的多,它既不是现实地普遍(也就是作为理智对象的某个普遍物),但本身也不是个别的。因为虽然马性不可能跟"一"和"多"、"普遍"和"个别"分开,但马性本身并不是它们中的任何一个,而是本然地(naturally)先于它们。正是由于马性本然拥有这样的优先性,所以它是事物本身所是之物,也是理智的对象,因此也才是定义要表达的东西,故而是形而上学家研究的对象。……

本性本身无关乎它究竟是在理智还是个体当中,因此也无关乎它究竟是普遍物还是个别物或个体。即便它存在于理智中,这主要也不是因为本性本身拥有普遍性,因为即使我们从普遍性的角度(也就是从认识的角度)来认识它,普遍性也不是本性的主要概念之一。换言之,它不是形而上概念而是逻辑概念,因为逻辑学研究的是关于初级概念的次级概念。因此,认识的主要对象是本性,而不是本性在理智当中或理智之外的存在。虽然我们从普遍性的角度来认识所认识之物,但普遍性这个角度本身并没有因此而成为被认识之物。

本性本身不是普遍的,因为就普遍性是把本性当作认识对象的概念而言,它毋宁是本性的偶性。同样地,当本性存在于外在事物当中、和事物的个体性共存时,本性本身也没有被限定为个体性,而是本然地先于那个将之限缩为个体性的因素,并且就其本然地先于那个限缩性因素而言,本性可以独立于这个因素而存在。再者,正如理智中的对象由于其首要性和普遍性而拥有可知的存在一样,同样地,在灵魂之外、在事物当中的本性也拥有根据该物的性质的真实存在。本性拥有基于该物、与之成比例的统一体,这种统一体不受个体性影响,所以可以不矛盾地和某种个体性的统一体共存。

以上就是我对"本性是小于数量统一体的真实统一体"这个论点的说明。虽然本性本身没有数量统一体,虽然数量统一体并未包含在本性的概念中(因为如阿维森纳所说,马性就只是马性),但这个统一体是本性的固有属性。因此,不论是就本性自身而言,还是就那个专属于它并且必然被包含在本性当中的固有属性而言,本性本身都不是"这个"。……

(二)物质实体是否由于某个将本性限定为个体性的真实之物才成为个体?①

【1】对于这个问题【物质实体是否由于某个将本性限定为个体性的真实之物才成为个体】,我的回答是肯定的。

【1.1】我对此的证明如下:正如一般意义下的统一体伴随着一般意义下的存在物,任何一种统一体也伴随着某种相应的存在物。因此,如果绝对的统一体(也就是我们在前面经常提到的个体的统一体,它无法再被划分为任何实体分支,并且必定是一个有特定记号的东西)存在于存在物当中(这是每个人都预设的),那么它本身就伴随着某个存在物。但它并不伴随着本性这个存在物,因为根据前面第一个证明,本性有它自己的统一体。因此,它伴随着并限定了另一个存在物,而后者和本性共同产生了某种本身是一的东西,因为拥有这种统一性的整体本身就是完整的。

【1.2】另一个证明是:种差之间的所有差别最终都归结到某些根本差异,否则事物之间的不同将会永无止境。但在严格意义下,几个个体之间是彼此有别的,因为它们是拥有某些相同之处的不同事物。因此,它们的差别就归结到某些根本差异。此外,这些根本差异并不是这个或那个个体当中的本

---

① 选自 John Duns Scotus. *Ordinatio* Ⅱ, d. 3, part 1, q. 6. In *Opera omnia*, vol. 7. P. C. Balic (ed.). Civitas Vaticana:Typis Polyglottis Vaticanis, 1973。标题出自原书。编译者参考的英译本是 Paul Vincent Spade (ed. and tran.). *Five Texts on the Medieval Problems of Universals: Porphyry, Boethius, Abelard, Duns Scotus, Ockham*. Indianapolis:Hackett Publishing, 1994。

性,因为事物之间在形式上相同(formally agree)之处并不等于它们之间实质上有别(really differ)之处,尽管实质上有别的东西可以等于实质上相同(really agree)的东西,因为【两个个体之间的】差别和【一个个体自身的】根本差异是截然不同的。同理也适用于统一体。由此可知,除了这个和那个个体的本性之外,还有某些使得两个个体之间有所不同的根本差异,其中一个根本差异在这个个体中,而另一个在那个个体中。这些根本差异不可能是否定性的。它们也不会是偶性。因此,它们是某种凭借自身来限定本性的真实之物。

【1.1.1】对第一个证明【1.1】的反驳是:如果有某个小于数量统一体的真实统一体,那么这个真实统一体和拥有它的东西或者在数量上同一个东西当中,或者不在。但它们不在数量上同一个东西当中,因为任何两个东西只要存在于数量上同一个东西当中,它们就是同一个东西。但它们也不是数量上不同的两个东西,因为这么一来,它们两个都不会是真正的一。① ……

【1.1.1.1】我对此的回应是:正如我们在第一个问题的解决方案当中所说,本性本然地先于"这个【个体的】本性"(this nature),而且由于本性特有的统一体伴随着本性本身,故而它也本然地先于这个本性的统一体。正是在这个意义下,本性成为形而上学的研究对象并且可被赋予定义,从而是第一类本质述谓的主词。因此,在数量上是一的东西当中就有某个东西,它伴随着小于数量统一体的真实统一体。拥有这种统一体的东西并不是由于数量统一体才成为形式上的一个东西。因此,我认为拥有真实统一体的东西并不是两个个体共有的事物,而是一个个体当中的事物。

【1.1.1.1.1】但你会这么反驳:"在数量上同一个东西当中的一切事物,都是同一个个体(one in number)。"

【1.1.1.1.1.1】我首先用一个更清楚的类比来回应上述反驳。考虑以下论证:"在同一个种当中的一切事物,都是同一种东西(one in species)。因此,'白'当中的'颜色'和'白'是同一种东西。所以,颜色的统一体不小于种

---

① 译注:这是一个简化过的归谬论证。其完整的说法是:如果有某个小于数量统一体的真实统一体,那么这个真实统一体和拥有它的东西或者在数量上同一个东西当中,或者不在。但上述两种情况都导致不合理的结果。因此,"有某个小于数量统一体的真实统一体"这个假设并不正确。

的统一体。"但这个论证是无效的。① 之所以无效,是因为正如我们在别处所说,一个东西既可以在引申意义(denominatively)下被称为"有生命的"(如身体),也可以按第一类本质述谓而被称为"有生命的"(如人)。又如一个平面是在引申意义下被称为白,而白的平面则是按第一类本质述谓而被称为白。同样地,我认为:受现实限定的潜能拥有其形式,从而拥有伴随着该形式的统一体,所以这个潜能是由于该现实物的统一体而是"一",但这只是就引申意义而言,而非按第一类本质述谓或本质上便如此。因此,白当中的颜色在种方面是"一",但它并不是本身就是"一",也不是在主要意义下是"一",而只是在引申意义下才如此。然而种差是在主要意义下是"一",因为它从根本上就无法被区分为种当中的多个事物。种当中的白本身是"一",但并非在主要意义下,因为它是由于某个内在于其中的东西(即种差)才是"一"。

综上,我认为这颗石头当中的任何东西都是数量上的"一",但它或者在主要意义下如此,或者本身就如此,或者在引申意义下才是"一"。在主要意义下是"一"的,是使得石头这个复合物成为数量统一体的因素。本身就是"一"的是这块石头,而主要意义下的数量统一体是它的一部分。在引申意义下才是"一"的,则是被石头的现实所完善的潜能,它在某种引申意义下关联到它的现实和统一体。

【2】对上述解决方案的进一步解释:使得某物成为数量统一体的那个因素究竟是什么,这个问题可以通过和拥有种差之物的比较来解释。而种差(或拥有种差之物)的特性则可以从种差之下、之上和与其平级的东西等角度来予以说明。②

【2.1】按照第一种方式【即从种差之下的东西的角度来考虑种差】:种差

---

① 译注:这个简略论证的完整说法是,反驳者主张"在数量上同一个东西当中的一切事物,都是同一个个体",而司各脱认为这个主张就相当于"在同一个种当中的一切事物,都是同一种东西",但后面这个说法并不成立(例如,动物在人当中,但动物和人不是同一种东西),所以反驳者原本的主张也不成立。

② 译注:司各脱在接下来几段将阐释他主张的个体性原理。"种差"在这里专门指最低种差(最低种差之下没有更进一步的种差),而"拥有种差之物"指的是被最低种差和属所定义的最低种(最低种之下没有更进一步的种)。举例来说,"动物"这个属和"理性的"这个最低种差构成了"人"这个最低种的定义,就此而言,"种差之下、之上和与其平级的东西"指的分别是拥有种差之物的分支(苏格拉底、柏拉图等不同的人)、属(动物)和同一属的其他种差(例如会结网的、有长鼻子的)。

和拥有种差之物无法被划分为本质上是多的【与其平级的】种或本性,故而以拥有种差之物为部分的那个整体也无法被如此划分。同样地,就我们目前讨论的问题而言,一个个体也无法被划分为不同分支,这种划分对于以个体为部分的整体而言同样也是不可能的。

以上两种情形的不同只在于:种的统一体小于个体的数量统一体,因此种的统一体虽然无法被划分为多个本质分支(essential parts),但是可以被划分为多个实体分支(subjective parts)。① 但对个体的数量统一体来说,任何划分都是不可能的。以上论点充分证实了我先前提出的解决方案,因为既然任何小于数量统一体的统一体都有一个它伴随着的专属存在,那么我们似乎难以否认数量统一体这种最完满的统一体也有它伴随着的个体存在。

【2.2】当我们从种差之上的东西的角度来考虑种差时,我认为,相对于属的真实存在而言,种差的真实存在是现实的,所以两者之间有形式上的不同。② 如若不然,则由属和种差构成的定义就完全是多余的,这是由于属或种差自己就足以构成整个定义,因为它就表明了整个被定义之物。

然而,限定属的因素有时候和属的形式不同。当种在属的本性之外添加了某些真实存在的时候,情形便是如此。而有些时候,这个因素并不是另一个真实存在,而只是同一个真实存在的另一个次级形式(*formalitas*, formality)或次级存在。由此可知,来自形式的种差并不是绝对简单的,而来自被抽象形式的最低种差则是绝对简单的。……

就这方面来说,个体的真实存在就好比是种的真实存在,因为它就像是现实一样限定了仿佛是潜能和可能实在的种。不过在其他方面,两者又是不同的,因为个体的真实存在从来不是来自某个附加在种之上的形式,而是来

---

① 译注:这里的"本质"和"实体"相当于种和个体。"本质分支"意指通过划分产生的多个种,"实体分支"意指通过划分产生的多个个体。举例来说,人可以被划分为多个实体分支,如苏格拉底和柏拉图,但不能被划分为多个本质分支,也就是其他的种(不论是人本身还是蜘蛛或大象)。

② 译注:换言之,属可以被视为种差的潜能,而种差就好比属的现实,两者是不同的。但这种不同不是真实的不同,仿佛属的潜能和种差的现实是两个彼此独立的事物。作为潜能的属毋宁是相当于作为现实的种差的潜能,而作为现实的种差则是作为潜能的属的现实,它们是一体之两面。用司各脱的术语来说,属和种差之间没有实质区分,只有形式区分。参见词汇表相关的解释。

自形式的最根本的真实存在(ultimate reality)。另一个不同之处在于：种的真实存在构成了复合物的性质，因为它本身就是某种性质性的存在物(quidditative entity)①，但个体的真实存在和任何性质之间则有根本差异，对此的证明是：就有限存在物而言，当我们在认识它的某个性质时，这个性质是该物和其他存在物共同拥有的，并且可以被归于它们，只要它们都拥有这个性质。因此，这个不同于性质的东西【即个体的真实存在】构成的并不是有性质的整体，而是另一个不同的整体。

再者，哲学家也经常把性质称为"形式"，例如在《形而上学》卷五和其他章节。《形而上学》卷七中关于定义的部分也宣称："对不包含质料的东西而言，'它有什么性质'和'它有什么形式'是同一回事。"（我将指出，他在这里说的就是质料和形式。）哲学家在其著作中也把质料称为有限的性质。波埃修在其《论三位一体》中也主张没有任何形式可以作为偶性的基体，因为形式是用来述谓其他东西"是什么"的性质。即使人这个形式被当作基体，也不是因为作为形式的人属于那个基体，因为人并不是【质料和形式的】复合物的某个部分（例如质料或形式）的形式，而是拥有有限性质的整个复合物的形式。

基于上述理由，每个种的真实存在都构成了某物的形式性存在(formal existence)，因为它构成了该物的性质。相对来说，个体的真实存在则构成了该物的质料性存在(material existence)，也就是被限缩的存在。由此我们得出一个逻辑上的区分，即种的真实存在本质上是形式性的，而个体的真实存在则是质料性的，因为后者构成了种和个体的复合物的基体，而前者构成了复合物的谓词。形式谓词是一种形式性的概念，而基体则是质料性的概念。②

【2.3】按照第三种方式【即从和种差平级之物的角度来考虑种差】，当我们将种差与和它同一等级的事物（也就是另一个种差）进行对比时，我们发

---

① 译注：因为性质真实存在，但并不是个体，所以司各脱将其称为性质性的存在物，区别于实体性的存在物。
② 译注：以"苏格拉底是白的"为例，苏格拉底是在主词位置的基体，而"白"这个性质则是形式谓词。谓词之于基体，就好比形式之于质料，因为前者都对后者起到限定的作用。

现,尽管有时候一个【较高】种差和另一个【较高】种差之间并没有根本差异(形式就是如此),但最低种差和另一个最低种差(也就是拥有绝对简单概念之物)之间有根本差异。就这一点而言,我认为"个体差"(individual difference)①就类似种差当中的最低种差,因为每个个体和其他个体之间都有根本差异。

【2.3.1】上述论点清楚显示了我们该如何回应下面这个反驳:这个个体和那个个体或者属于同一类,或者不属于。如果它们属于同一类,那么我们就可以从它们中抽象出某个东西,也就是种。但把这个种限定在这个个体和那个个体的因素又是什么呢?如果这个因素是种自己,那么我们大可以根据同样的理由说石头的本性使得这个石头是这个石头;而如果这个因素是和种不同的另一物,那么这会导致无限后退。如果这个个体和那个个体不属于同一类,那么构成它们的东西也不会属于同一类,于是它们就不会是同一种下面的个体。

【2.3.1.1】我对上述反驳的回应是:最低种差之间有根本差异,所以我们无法从它们当中抽象出任何本身是一的东西。尽管如此,这并不表示由最低种差构成的东西之间也有根本差异,不属于同一类。② 之所以如此,是因为所谓"某些东西以同样方式被区分(equally distinguished)"③可以有两种解读:或者是"这些东西不能共存(也就是不能存在于同一物当中)",或者是"这些东西之间没有共同之处"。第一个解读是正确的,因为只要区分者【即最低种差】之间有差异,被区分者【即最低种】之间就会有相应的差异,因为

---

① 译注:司各脱用"个体差"来指称他主张的个体性原理,它相当于司各脱在其他段落所谓的个体之间的"根本差异"(primarily diverse),以及他广为人知的概念"此性"(haecceitas, thisness)。但要注意的是,个体差(individual difference)的"差"(difference)应该被理解为"差异"(diversity),而非一般意义下的"差别"(difference)。关于差异和差别的区分,请参见词汇表。

② 译注:例如,"有理性"和"会结网"是最低种差,彼此之间有根本差异,但是它们各自构成的东西(人和蜘蛛)之间并没有根本差异,而反倒有共同点,也就是同属于动物。

③ 译注:这里的"区分"指的是最低种差对种的区分,例如"有理性"把人从同属的其他种(例如蜘蛛)那里分出来,同理,"会结网"也把蜘蛛从其他种分出来。"被区分的东西"所指的,相当于司各脱在前两行所说的"由最低种差构成的东西",即最低种。"某些东西以同样方式被区分"的意思是"某些最低种都被相应的最低种差所区分",例如人被"有理性"区分,蜘蛛被"会结网"区分。

除非被区分的最低种不能共存,否则区分它们的最低种差不会不能共存。但按照第二种解读,上述情形是无论如何不可能的,因为被区分的种不但包含了区分它的种差,还包含了某个相当于、但并不真的是种差的潜能的东西。①

至于个体差,我的看法和我关于最低种差的看法是一样的。我认为个体差之间有根本差异,它们彼此之间没有任何相同之处,但被它们区分之物【即个体】之间并不必然有根本差异。尽管如此,正如多个个体差不能共存,多个拥有个体差的个体也是如此。②

【3】那么,这个使个体成为个体的因素究竟是什么?它是质料、形式还是质料和形式的复合物?我认为,任何属的每个性质(不论是部分的还是整体的性质)本身对这个或那个存在物而言都是无差别的。因此,性质本身本然地先于这个存在物,因为后者是个体。而正如个体不同于性质(因为性质本然地先于个体),所以和个体相反之物也不会和性质不相容。此外,正如作为本性的复合物本身并不是"这个复合物",同样地,作为本性的质料和作为本性的形式本身也不是"这个质料"和"这个形式"。因此,那个使个体成为个体的因素既不是质料,也不是形式,也不是质料和形式的复合物,因为它们都是本性。毋宁说,这个因素是质料、形式或质料和形式的复合物的最低真实存在。不论共同且可被限定之物【即可以被共同拥有的本性】在什么意义下是一个物,这个因素都可以将其进一步划分为几个形式上有别、彼此不一的真实存在,其中一个在形式上是个体,而另一个则是本性。这两个真实存在并不是两个拥有属、种差或种的物。毋宁说,在同一物中(不论是它的一部分还是它的整体)总是有两个形式上不同、但属于同一物的真实存在。

---

① 译注:举例来说,按第一种解读(正确的解读),人和蜘蛛不能共存,换言之,如果某物是人,则它不是蜘蛛。但按第二种解读(错误的解读),人和蜘蛛之间没有共同之处。这种解读错在被划分的最低种(人和蜘蛛)除了最低种差(有理性和会结网)之外还包含了相当于潜能的、它们共属的"动物"这个属。

② 译注:换言之,正如苏格拉底的个体差和柏拉图的个体差不能共同存在于同一个东西当中,苏格拉底和柏拉图也不可能是同一个东西。

（三）共相是否存在于事物当中？[①]

【1】这个问题首先可以从反柏拉图的立场来进行探讨。根据亚里士多德所说,柏拉图之所以设定理型的存在,是为了解释事物的形式存在和科学认识,因为它们只关乎必然存在之物,而个体是会毁坏的。另一个设定理型的理由则是为了解释事物的生成,因为个别的生成者不能充分解释这一点。

如果这个论点主张理型是某种超越运动和偶然性的存在物,且它本身除了完整的分离的特定性质之外一无所有,而且本身可能拥有种的性质（否则我们对其将一无所知）,那么它是无法被有效反驳的,因为这种绝对存在物（unqualified entity）的概念似乎没有自相矛盾之处。

再者,亚里士多德对这个论点的反驳也并不是无条件的。他在《形而上学》卷十中反驳了理型的不可毁坏性,但在《形而上学》卷七中他要论证的不是理型不可能存在,而是我们没必要设定理型。他在这里的反驳是：哲学家不该设定任何并非显而易见之物,但设定理型的理由并不必然成立,因此哲学家不应该设定理型。他在《形而上学》卷七中也指出,为了实体或认识之故而设定理型的存在,其实是不必要的。……

但如果有人进一步主张理型在形式上是普遍的,以至于我们可以说它和某个可毁坏之物是同一的（例如"这个【理型】就是这个【可毁坏之物】"）,这将马上导致矛盾,因为这意味着数量上同一个东西既是许多不同【可毁坏的】东西的性质,却又和它们分离（否则它不会是不可毁坏的）。

【2】我们可以抛开这种【柏拉图主义的】进路,按照亚里士多德关于共相的论点来处理这个问题。在这里我们发现两种相反的论点。第一种认为共相存在于事物当中。对此有三个证明：

【2.1】第一个证明主张：【和个体不同,】共相本然地适于述谓多个事物。

[①] 选自 John Duns Scotus. *Quaestiones subtillissimae super libros metaphysicorum Aristotelis* VII, q. 18. In *Opera philosophica*, vol. 4. St. Bonaventure：The Franciscan Institute, 2004。标题出自原书。编译者参考的英译本是 John Duns Scotus, *Questions on the Metaphysics of Aristotle*, Vol. II. Girard J. Etzkorn and Allan B. Wolter (trans.). St. Bonaventure：The Franciscan Institute, 1998 和 Richard N. Bosley and Martin M. Tweedale (eds.). *Basic Issues in Medieval Philosophy*, Ontario：Broadview Press, 2006。

但本然地适于述谓多个事物的东西,其本身便是如此,否则它就不拥有这种适切性,也不能被赋予这种适切性,至少不能被理智赋予,否则的话,连苏格拉底这个个体也可以被理智赋予这种适切性。

【2.2】此外,我们所说的共相是用"这个是这样"的述谓方式(如"苏格拉底是一个人")来谈论个体等事物的谓词。但如果某物不在事物当中,它就不可能用来述谓那个事物。

【2.3】另外,在绝对意义下,事物的性质是真实的东西,因为正如《形而上学》卷七最后一章所说,性质是原理和原因。但绝对意义下的性质是共相,对此的证明是:绝对的东西是由定义来表达的,而定义只会涉及共相。

【2.4】本性之所以被认为是普遍的,原因则如下所述:正如我们在关于个体性的问题当中所说,如果在某物中存在着使该物成为个体的限定等级(grade of limitation),那么它的本性也会被那个等级所限定。这个本性不仅在没有那个等级的情况下就可以被认识,而且还先于那个事物,因此本性也可能存在于其他事物中。这是因为它本身是优先之物,所以它不会因此而被限定在某个个体当中。因此,先于个体的本性便是普遍的。

【3】反对这种论点【即"共相存在于事物当中"】的证明也有三个。

【3.1】第一个证明:共相是理智在数量上的一个对象(numerically one object),并且通过数量上的一个认识活动(numerically one act of intellect)来被认识。这种认识活动是这样发生的:当理智将共相归于不同个体时,它是借由"这个是这样"的述谓方式来把被多次认识的数量上同一个对象当作谓词归于不同的事物。然而,事物当中的东西似乎不可能是数量上同一个被归于不同事物的可认识对象。

对上述论点的证明:即便这个【个体的】本性是先于【这个个体的】限定等级的,但只要它被理智所认识,那么在这种情形下它也只能被正确地归于这个【拥有这个本性的】个体,因为它没有被正确地归于另一个个体。相反地,在另一个个体当中的是另一个本性的另一个概念。①

【3.2】第二个证明:如果一个实体本身属于某个东西,那么这个实体的性质也属于那个东西,因此,如果作为真实共相的人属于苏格拉底,那么苏格拉

---

① 译注:换言之,苏格拉底的人性是苏格拉底当中的人性,它不同于柏拉图当中的人性。

底也是真实共相。① 这个论证并没有涉及偶性谬误,因为论证中项的词义是保持不变的。

【3.3】第三个证明:这种观点将导致感官的专属对象就是共相,因为正如我们在讨论关于对个体的知性认识的问题时所说的那样,虽然本性本身不能导致运动,只有个体的本性才能导致运动,但本性并不是作为个体的本性才导致运动。此外,如果每个共相本身都实际上存在于事物当中,那么主张有主动理智就是多此一举的。

【3.4】这种观点还面临以下批评:它会导致有和个体一样多的共相,因为任何个体的任何本性都有共相的特征。但正如上面第一个论证所说,除了个体之外,没有其他东西拥有本性。因此,任何本性都是共相,而且任何本性都是个体的本性。

【3.5】此外,【若这种观点成立,】那么当我们用共相述谓个体时,我们就是在用同一个东西述谓它自己。

【4】相对于上述看法的另一种论点则主张共相只存在于理智当中。

【4.1】这种论点的证明之一是基于注释家在《论灵魂》卷一中的权威说法:理智创造了事物当中的共相,否则的话,似乎就没有必要设定主动理智了。对此的一种证明是:主动理智不拥有生产性的功能,所以不会导致理智之外的任何东西的出现。

波埃修在说到统一体和"一"时也表明任何存在物在数量上都是"一"。对此的证明是《分析后篇》卷一所说的"共相是多中的一,也是属于多的'一'"。也就是说,作为相对于主词的谓词,一个共相是和多个指代对象相关的。但这种关联不在事物中,而只存在于和事物相关的理智中。上述看法和证明出自阿维森纳的《形而上学》卷五,他认为可知形式和灵魂的关联是单一的,而且不同理智当中的形式是不同的,但相对于心灵之外的个体来说,同一个形式则是普遍的。

【4.1.1】对上述证明的第一个反驳是:对象本然地先于活动。因此,当共相被认识时,它本然地先于对它的认识。但共相只有通过被理智认识,才会实际上存在于理智当中。对此的证明是:如果作为对象本身并且先于认识的

---

① 译注:这是否定后件的论证(modus tollens),概要如下:如果作为真实共相的人属于苏格拉底,那么真实共相也属于苏格拉底,换言之,苏格拉底是真实的共相。但苏格拉底不是真实共相,而是个体。因此,作为真实共相的人并不属于苏格拉底。

对象不是共相，那么它就不能通过理智来联系到心灵之外的许多事物。

【4.1.1.1】针对上述反驳的回应是：即使对象在本性上先于认识活动，本性也不必然存在于对象当中。当我们从认识方式而非被认识物的角度来看本性时，这一点尤其明显。此外，只有在和认识活动同时存在的时候，对象才存在，而这种对象正是阿维森纳所说的共相。

【4.1.1.1.1】对上述回应的再反驳是：【假设本性不必然存在于对象中，】那么一旦没有人在思考，就不会有真实的共相。但这样一来，科学认识将不复存在。

【4.1.1.1.2】再者，就对象先于活动而言，对象并没有在这个角度【即先于活动】下被认识。因此，或者对象并没有在任何角度下被认识，或者它是在相反的角度下被认识，因为它是对象，故而为自己限定了某种认识它的角度。……

【4.1.2】第二个反驳是：科学认识的对象本身先于科学认识的活动。但这么一来，科学认识的对象就必定是共相，因为在谈论对象时，我们着眼于它及其独特性质的关系。如果对象是普遍物或共相，那么它的性质就可以被用来述谓所有属于它的事物。这么一来，这些事物的科学认识就成为可能了。对此的证明是：正如第一原则这个普遍命题可被视为在复杂的认识活动之先，同样地，第一原则的词项关乎的心外事物也可被视为在简单的认识活动之先。① 但第一原则中的词项是普遍的，因为它可以被普遍地理解。

【4.1.3】第三个反驳是：上述观点将导致共相和真理一样都是某物在理智中得以存在的条件。因此，前者会像后者一样削弱"存在"这个词的意义。因此，就像某些科学认识并不是真实的一样，也有某些科学认识不是普遍的。

【4.1.4】第四个反驳则是：可知形式以主观方式（subjectively）真实地存在于灵魂中。因此，如果共相存在于理智中，那么这就形同被认识之物存在于认识者当中。但它们的存在方式是不同的，因此得证。因此，上述几个论证推翻了这一观点【即"共相只存在于理智当中"】。

【5】我对最初问题的回应如下：我们必须先区分共相的不同意义，因为有（或者可能有）三种方式来理解它。

【在一个意义下，】共相可被视为一个次级概念，它涉及的是谓词和其述

---

① 译注：命题是由多个词项构成的复合体，故而对应了复杂的认识活动。相对来说，词项是构成命题的简单物，故而对应了简单的认识活动。

谓对象之间的思维性关联。"共相"或"普遍之物"这个词是对这种关联的具体指称,正如"普遍性"抽象地指称这种关联。在另一个意义下,"共相"则是次级概念表示的东西,即初级概念的对象,因为次级概念是关于初级概念的概念。在这个意义下,共相可以进一步按两种方式来理解:按其中一种方式,共相是初级概念表示的远距对象;而按另一种方式,共相则是初级概念表示的临近对象。按第一种方式,绝对意义下的本性就被我们称为共相,因为它本身不是"这个个体",因而可以用来述谓多个个体。按第二种方式,共相是数量上为一的可知物,它实际上不具规定性,从而可以述谓多个指代项。这种共相是我所谓的"完全共相"(complete universal)。①

现在,前述的第二个论点【即"共相只存在于理智当中"】是在第一种意义下理解共相,因为它和个体的联系是一种次级概念,而对象只有在存在于理智当中的时候才有这样的特性。而第一个论点【即"共相存在于事物当中"】则是在第二种意义下【即"初级概念表示的远距物"】理解共相,因为由初级概念表示的本性本身不是"这个个体"。

但第一个论点并没有设定【第三种意义下的】完全共相,这是由于它设定的东西【远距物】并没有足够的无限定性,因为远距物并不和个体的限定性真正对立,而只是缺少限定性而已。第二个论点也没有谈及完全共相,而这正是问题的难点所在。相反,第二个论点只涉及某种本然地后于完全共相的概念,因为和限定性对立的无限定性本然地先于次级概念(也就是逻辑的普遍性,或一对多的关联),因为作为无限定物的人是通过单一的理智活动才被理解为存在于每个个别的人当中。②

【6】现在,我们还必须解释第三种意义下的共相【即完全共相】是否主要存在于理智当中。针对这个问题,我们必须区分某个对象在理智中(也就是所谓的"在心灵中")的两种存在方式:一种是依据习性,另一种则是现实存在于理智中。当某物是理智活动的直接推动者时,它就以第一种方式存在于

---

① 译注:简言之,司各脱在这段话中区分了三种共相:(1)心中的普遍概念,可重复多次述谓不同对象;(2)普遍概念关乎的远距真实事物,即事物的真实本性;(3)普遍概念关乎的邻近真实事物,即被认识的真实本性,它来自心灵对心外事物真实本性的抽象作用。

② 译注:完全共相是一种无限定之物,而作为次级概念的共相则是以这种无限定之物为对象,故而本然地在它之后。

理智当中,而当它被现实地认识时,它就以第二种方式存在于理智当中。

【6.1】阿维森纳认为这两者在时间上是同时发生的,尽管前者在本性上较先。因为尽管他假定了表征对象的可知心象只有在被现实地认识时才存在于理智中,但作为推动者的对象的临现本然地在它被现实地认识之先,因为前者是后者的原因,而后者是伴随前者而生的结果。

【6.2】某些人否认可知心象的存在,但这么一来我们就难以区分事物存在于理智中的上述两种方式,因为(按照他们的说法)对象唯有通过理智活动才能在理智中存在,故而不拥有主要存在。但这将导致对象无法推动理智活动,而这个结果是和阿维森纳的论点冲突的。

【6.3】根据第三种常见的论点,不论在时间上还是本性上,对象存在于理智中的第一种方式都先于第二种方式。主张这种观点的人认为可知心象会在没有认识活动的情形下继续存在,因为我们似乎难以否认被理智在现实地认识可知心象之后会将它保存起来【并使之继续存在】,因为感官能力也拥有这种保存的能力。而且,即使理智碰巧和感觉图像相结合,我们还是要问:理智的内在完满性是什么?就它是被造理智而言,它和感觉图像的结合是偶然的。诚然,如果理智不和感觉图像结合,它将不会那么完满,但这也不会使理智成为不同的能力。因此,正如和身体分离的理智会保存其对象一样,我们人的理智也是如此,只不过没有那么完满。

【7】针对本节原本提出的问题【即"完全共相是否只存在于理智当中"】,我的论点是:正如前面针对第二种【亚里士多德】立场的反驳所显示的,在第三个意义下的共相【完全共相】不必然按上述的第二种存在方式存在于理智当中,因为这种存在方式对完全共相来说并不是必要的。但完全共相必定以第一种方式存在于理智当中,所以,除非对象伴随在理智当中出现,否则共相并不存在于理智当中。这一点已经在前面对第一种立场的第一个反驳中证明了。

问题是,当对象作为完全共相在理智中以第一种方式存在时,它的这种无规定性的成因又是什么?我认为:根据第一个论点的证明,被认识的事物并非唯一成因,因为它并没有多少无限定性,而可能理智也不是唯一的成因,因为它用以接受对象的方式的无限定性并不比对象本身更甚。然而根据亚里士多德在《论灵魂》卷三中的论证,在每一种本性中,如果有某个东西被制成一切,那也会有某个制造一切的东西。换言之,在任何本性中,都有对应于某个被动能力的主动能力。如果这种能力不是外在的,那么它就内在于同一个本性中。①

现在,既然我们体验到在自己理智中有某种共相的存在,那么就一定有某个作为其主动成因的现实之物。但正如前一段所证明的,这个现实物并不在心灵之外。因此,它在心灵之内。因此,主动理智和某个无限定性的本性一同产生了可能理智的对象的存在。我们不需要其他理由再去解释为什么主动理智以这种方式产生对象,因为事情本来就是如此,正如我们不需要其他理由来解释为什么热会使其他东西变热。因此,本性拥有成为个体的限定性和共相的无限定性的远距能力。正如本性通过个体的生产者来和个体相连一样,它也通过事物和主动理智的合作而与共相相连。这个论点有助于我们理解阿维森纳所说的"本性本身既不是普遍的也不是个别的,而就只是本性自己"。我们在前面第三个证明②所说的就是本性的这第二种无限定性,而不是共相的无限定性,因为它的较弱的无限定性已经足以确保事物之间的相似性和对立性。在这个意义下,我们可以将之称为事物的性质。这种无限定性仅仅是否定性的,而共相拥有的较强的无限定性则和限定性相对。③……

【8】至于问题的第二部分(共相是否存在于事物当中?),我的看法是:任何以上述第一种方式和第二种方式存在于理智中的东西,都只和理智有某种思维性关联。但我们的确在事物中发现具有这种关联的某个东西(即共相)。因此,共相存在于事物中。

【8.1】对此的证明是:如果共相不存在于事物中,那么我们在认识共相时就不会对事物有任何认识,而只会知道自己心中的观念,而且我们的意见也不会因为事物存在的变化而从真变为假。

【9】综上,共相可以在事物中以下述方式存在:同一个共相既是限定的,也是无限定的。就其由于个体性等级而存在于真实事物中而言,共相是限定的,而就其在理智当中、和理智之间有被认识物和认识者的关系而言,它则是

---

① 译注:这段话的意思是,完全共相的成因不是被动能力,而是与之对应的主动理智,它和被动理智一样内在于理智当中。

② 译注:这一部分并未收录在本教材中。

③ 译注:这一段的"本性"和"共相"分别是司各脱之前所谓的作为远距对象的共相和作为邻近对象或完全共相的共相。

无限定的。正如这两种存在物【真实事物和被认识物】在同一本性中偶然地同时出现、而且可以彼此独立一样,我们所说的限定的共相和非限定的共相也是如此。由此可知,共相可以存在于事物中,但不必然如此,尽管它必须存在于理智中。

第四章 奥康的威廉

（一）共相是否真的在灵魂之外，和个体不同，却又没有真的不同？[1]

【1】现在要讨论的问题是：某个普遍而单义的东西是否真正存在于灵魂之外，并且和个体真的不同，却又没有真的不同？……

针对这个问题，有人【司各脱】这么主张：在灵魂之外的事物当中，本性和将之限缩于一个特定个体的差异是实质上同一（really the same）但形式上不同的（formally distinct）。本性本身既不是普遍的也不是个别的。在事物当中的本性是不完全共相，而在理智当中的本性则是完全共相。

这位博士【司各脱】还这么主张：除了数量统一体之外，还有一种小于数量统一体的真实统一体，它属于在某种意义下拥有普遍性的本性。因此，我们可以将可限缩的本性和下列这些东西依次进行对比：个体本身、数量统一体、共相和小于数量统一体的统一体。

在将可限缩的本性和个体进行对比时，他【司各脱】的看法是：首先，本性本身不是这个个体，而得要通过某个额外因素才会如此。其次，这个额外因素不是否定性的、不是偶性、不是现实存在，也不是质料。再次，这个额外因素在实体的属当中，并且是个体固有的。最后，本性本然地先于这个限缩因素。……

---

[1] 选自 William of Ockham. *Ordinatio*, d. 2, q. 6. In *Opera theologica*, vol. 2. Gedeon Gál, et al. (eds.). St. Bonaventure：The Franciscan Institute, 1970。标题出自原书。编译者参考的英译本是 Paul Vincent Spade (ed. and tran.). *Five Texts on the Medieval Problems of Universals: Porphyry, Boethius, Abelard, Duns Scotus, Ockham*, Indianapolis：Hackett Publishing, 1994 和 Arthur Hayman, James J. Walsh and Thomas Williams (eds.). *Philosophy in the Middle Ages: The Christian, Islamic and Jewish Traditions* (3rd edition), Indianapolis：Hackett Publishing, 2010。

【1.1】针对司各脱的论点，我们可以提出两个反驳。① 第一个反驳是：被造物当中的某些东西之间不可能有形式区分而没有实质区分。因此，如果本性和限缩差（contracting difference）②之间有某种区分，那么这种区分或者是一个物和另一个物之间的区分，或者是一个思维对象和另一个思维对象之间的区分，或者是一个真实存在物和一个思维对象之间的区分。③ 但司各脱本人否认第一个可能性，也否认了第二个可能性。因此，只剩下第三个可能性。由此可知，以某种方式不同于个体的本性只不过是一个思维对象。

上述论证的大前提是自明的，因为如果本性和限缩差并不是在所有方面都相同，那么其中一个就可能有某个性质，而另一个却没有。但同一个被造物不可能既有又没有同一个性质。因此，本性和限缩差不是同一物。上述论证的小前提也是自明的，因为如果同一个被造物既有又没有同一个性质，那么任何一种用来证明事物之间有区分的方法都将失败，因为矛盾是证明事物之间有区分的最好方法。如果同一个被造物既有又没有同一个性质，那么我们就无法证明该物和该性质之间有实质区分。

对上述论点的证明：任何相互矛盾的东西都是不自洽的，而存在和不存在之间的不自洽是如此之大，以至于如果 A 存在而 B 不存在，那么 B 就不是 A。因此，同样的道理适用于任何相互矛盾的东西。

【1.1.1】或许有人会反驳说：在主要矛盾中，相互矛盾的两个东西之间固然有真正的非同一性，但这种情形不适用于其他【次要的】矛盾。

【1.1.1.1】我对此的回应是：三段论适用于我们关于所有主题的论证。现在考虑以下这个有效的三段论：

（1）每个 A 都是 B。

（2）C 不是 B。

（3）因此，C 不是 A。

因此，对于 A 和非 A 来说，如果这个东西是 A 而那个东西是非 A，那么

---

① 译注：总体来说，奥康针对司各脱的论点提出两个反驳（参见【1.1】和【1.2】），然后进一步提出七个辅助论证（参见【1.2.1】【1.2.2】【1.2.3】【1.2.4】【1.2.5】【1.2.6】【1.2.7】）来证明第二个反驳的合理性。

② 译注：奥康所谓的"限缩差"指的就是司各脱的个体差、根本差异和此性。

③ 译注：奥康将"物"理解为心灵之外的真实存在的个体，"思维对象"则是心灵当中的存在物。

这个东西就不是那个东西,因为如果这个东西是【某物】而那个东西不是,那么这个东西就不是那个东西。现在,同样的道理也适用于我们现在的主题:如果每个个体差本身都是每个个体所特有的,而本性本身不是每个个体所特有的,那么本性就不是个体差。这个论点显然是成立的。

【1.1.1.1.1】或许有人会反对上述论证,因为神圣本质是圣子,且圣父不是圣子,但圣父又是神圣本质。

【1.1.1.1.1.1】但这种说法并不充分,因为上帝当中的三个东西【圣父、圣子、圣灵】是数量上同一个东西【神圣本质】,而这三个东西又彼此不同,这是一种例外情形。因此,以下这个论证并不成立(尽管理智无法明白为何如此):数量上是一的神圣本质是圣子,圣父不是圣子,所以圣父不是神圣本质。从而,只有在圣经的权威要求之下,我们才必须考虑这种例外情形。所以,我们永远不该否认上述结论在被造物当中的有效性,毕竟圣经的权威并不要求在被造物当中会有上述例外情形,因为在被造物当中,多个东西当中的任何一个都不可能是同一个个体。

【1.1.1.1.2】或许有人会反驳说:三段论唯有在大前提和小前提都没有任何限定的情形下才是有效的,现在考虑以下推论:

(4)每个个体差本身都专属于某些个体。

(5)本性本身不专属于任何个体。

(6)因此,本性本身并不真正是个体差。

小前提【(5)】是错的。由此可知,如果前提包含了"本身"(of itself)和"通过自身"(through itself)等【限定性的】共范畴词项①,那么三段论就没有普遍有效性。

【1.1.1.1.2.1】但上述反驳是无效的,因为正如直言命题和模态命题都有统一的三段论形式(当然,除此之外还有混合了直言命题和模态命题的三段论形式),同样地,包含共范畴词项(例如"本身"和"通过自身")的命题也有统一的三段论形式。考虑以下三段论:

(7)每个人本身都是动物。

(8)没有任何石头本身是动物。

(9)因此,没有任何石头本身是人。因此,一般而言,没有任何石头

---

① 译注:共范畴词项指的是不属于亚里士多德十大范畴的词项,如"没有""或者""如果"等。

是人。

另一个例子是：

(10) 每个动物都必然是实体。

(11) 没有偶性必然是实体。

(12) 因此，没有偶性必然是动物。

同样地，这个混合三段论也是有效的：

(13) 每个人本身都是动物。

(14) 没有白的东西是动物。

(15) 因此，没有白的东西是人。

同理，这也是一个有效的三段论：

(16) 每个个体差本身都专属于某些个体。

(17) 本性本身不专属于任何个体。

(18) 因此，本性不是个体差。

这也是一个有效的三段论：

(19) 没有任何个体差真正是共同的①。

(20) 本性真正是共同的。

(21) 因此，本性并不真正是个体差。

以上这些论证的前提都为真，所以它们的结论也为真。

对上述论点的证明：正如从模态命题总是可以推出直言结论，同样地，从包含"本身"一词的命题也总是可以推出直言结论，因为"本身"的意思就是模态上的"必然地"。因此，以下三段论是有效的：

(22) 本性必然是共同的。

(23) 限缩差必然不是共同的。

(24) 因此，限缩差不是本性。

同样地，以下三段论也是有效的：

(25) 本性本身是共同的。

(26) 限缩差本身不是共同的。

(27) 因此，限缩差不是本性。

但我们不能说"限缩差不是本性，尽管两者没有实质区分"，原因如下：限

---

① 译注："共同"(common)的意思是"(可以)被多个东西拥有"。如果苏格拉底是人，柏拉图也是人，那么人就是某种共同的东西。

缩差和本性之间没有实质区分或真正的区分（real distinction），而且它们都是存在物，因此它们是实质同一或真正同一的（really the same）。因此，其中一个真正是另外一个，反之亦然。① 因此，我们用来述谓其中一个的东西，也适用于另外一个。我们之所以可以从"它们是真正同一的"推出"它们是同一的"，是因为"真正"和"形式上"一样，都不是削减或递减性的限定，因此根据哲学家在《论诠释》中提出的推论规则，我们可以从"某物真正（或形式上）……"推出"某物本身……"②。……

【1.2】对司各脱论点的第二个反驳是：即使我们承认有形式区分，上述观点仍然是不正确的。

【1.2.1】对第二个反驳的第一个证明是：每当一对对立物中的一个确实以某种方式真正属于某物，且该物的确以它为特征时，那么不论它是本身就属于该物，还是由于其他事物才属于该物，只要这种情形保持不变，那么对立物中的另一个就不会真正属于该物，而反倒是绝对不会属于它。但根据司各脱的观点，灵魂之外的每个东西都是个体，都是数量上的"一"，不过某些东西本身就是个体，而其他东西则是由于某个附加因素才成为个体。因此，灵魂之外的一切东西都不是真正共同的，而且它们也不是因为相对于个体统一体的某个统一体才成为数量上的"一"。因此，除了个体的统一体之外，并没有真正的统一体。

【1.2.1.1】或许有人会反驳说：这两个统一体之间并没有真正对立，同样地，个体性和共同性之间也没有真正对立。

【1.2.1.1.1】我对此的回应是：如果对立之物没有真正对立，那么我们就不可能由此推论出它们实际上不能在主要意义下属于同一物。而这么一来，以下论证就是难以充分反驳的：在所有方面都相同的同一个东西由于这个统一体和那个统一体而成为一，因此，在所有方面都相同的这同一个东西既是个别的也是共同的。

【1.2.1.1.2】此外，只要后件彼此互斥，那么前件也必定互斥。现在，以下这两个命题【在形式上】都是成立的：

（28）A 由于较小统一体而成为"一"或共同的，因此，和较大统一体相对的多（即数量上的多）可以和 A 共存。

---

① 译注：奥康在此处的论证将"实质"（real, reale）联系到"真正"（really, vero）。
② 译注：参见本书第107页的三段论（19）（20）（21）。

(29) A 由于较大统一体而成为"一",因此,和较大统一体(即数量上的"一")相对的多无法和 A 共存。

然而,这两个推论各自的后件"数量上的多可以和 A 共存"与"和数量上的'一'相对的数量上的'多'无法和 A 共存"却是彼此互斥的,因此,这两个推论各自的前件"A 由于较小统一体而成为'一'"和"A 由于较大统一体而成为'一'"也彼此互斥。但司各脱认为命题(29)为真,因为他认为本性在数量上是"一"。既然如此,命题(28)就是错误的(这里的 A 指的是司各脱所谓因为较小统一体而成为"一"的本性)。然而,如果本性不是因为较小统一体而成为"一",那么其他任何东西也不会如此。司各脱自己也承认了上述假设,因为他说:"和较大统一体对立的'多'可以不矛盾地和较小统一体共存,但这个'多'不能和较大统一体共存。"

【1.2.1.2】或许有人会反驳说:以上这种争论的方式是无效的,因为黑和人共存,却不和白共存,然而人是白的,而且 A 是人又是白。

【1.2.1.2.1】但这种说法并没有说服力,因为只要我们按相同意义理解所谓的"共存",那么上述两个命题当中必有一个是错误的。如果"共存"指的是现实的共存,那么在苏格拉底是白色的情况下,说黑色和苏格拉底共存就是错误的。但如果"共存"是潜在的共存,那么黑色不和白色共存就是错误的,因为黑色可以在这个意义下和白色共存:白的东西可以是黑的,或者可以有黑色。因此,虽然黑色和白色互斥,但黑色和白色的东西并不互斥。因此,只要"白色的东西"和"白色"这两个词有相同指称,那么黑色也就不会和白色互斥。

【1.2.1.2.2】此外,司各脱主张和较大统一体相对的多可以不矛盾地和较小统一体共存,但这个论点似乎和他的另一个论点相矛盾,即本性和个体差之间并没有实质区分,因为如果两个东西是实质同一的,那么不论其中一个由于神圣力量的作用而实际上成为什么,另一个也会如此。但个体差不可能是数量上有实质区分的多个东西。因此,和限缩差实质同一的本性也不可能如此,故而也就不可能和限缩差有任何不同。因此,本性不可能不矛盾地和数量上的多相容。

对上述论点的证明:每一个真正普遍的东西,不论它是否是完全的共相,对多个东西来说都是真正共同的(或者至少可以是真正共同的),但没有什么东西对多个东西来说是真正共同的,因此,没有任何东西是真正普遍的。上述证明大的前提显然为真,因为共相和个体的区分就在于个体被限定为一个东西,而共相无差别地适用于多个东西。小前提显然也为真,因为没有任何真正是个体的东西对多个东西来说是真正共同的,因为每个东西都是个体。因此得证。

同样地,如果被"人"这个概念所指称的某个东西对多个事物来说真正是共同的,那么这个东西或者是在苏格拉底当中的本性,或者是在柏拉图当中的本性,或者是在和它们不同的第三个东西当中的本性。但这个被"人"指称的东西不是苏格拉底的本性,因为使得苏格拉底真正是个体的东西不可能在柏拉图之内。同理,这个东西也不会是柏拉图的本性,也不会是在第三个东西之内的本性,因为在灵魂之外不存在这样的东西,因为(根据司各脱等人的看法)灵魂之外的每个东西都是个体。

对上述论点的证明:即使通过上帝的全能也无法被数个事物分有的东西并不是真正共同的。但我们可以指出来的任何东西都无法通过上帝的全能而被数个事物分有,因为它们都是个体。因此,没有任何东西是真正普遍的。

【1.2.1.3】或许会有人反驳说:虽然这个个体的本性不可能存在于多当中,但本性本身并非不可能如此。它毋宁是由于某个额外的因素才如此,且这个额外因素和本性共同构成了一个东西。

【1.2.1.3.1】我对此的回应是:"并非不可能"本身并不是某种肯定性(positive)的东西,因此,他说的共同性只是否定性(negative)的,而不是肯定性的、某种共同的东西。因此,除了数量统一体外,并没有肯定性的统一体。

【1.2.1.3.2】此外,我还可以将这种较小的否定性统一体归因于个体的等级【而非个体本身】,因为它并不是本身,按第一种本质述谓就是数量上的"一"。因此,如果我们在严格意义下理解"可能性",视其为本身可能之物、相对于某个按第一种本质述谓的不可能之物,那么以下命题就是正确的:"这个个体差本身可以存在于多个事物当中"或"它本身可以因为小于数量统一体的统一体而成为'一'",因为它的对立面是错误的,换言之(根据他们的说法),个体差按第一种本质述谓是数量上的一。

【1.2.2】对第二个反驳的第二个证明是:如果本性是共同的,那么有多少个体,就有多少种和属,因为苏格拉底的本性是一个种,柏拉图的也是。但我将指出:只要某些东西真正是多,并且它们的每一个都可被称为种,那么种就有很多个。而现在的情形正是如此。因此得证。

对上述论点的证明:只要邻近基底(proximate subject)的数量增加了,那么基体属性的数量也会随之增加。但在司各脱看来,这种较小统一体是本性的属性。因此,一旦本性真的增加了,属性也会真正增加,因为它是真实存在的。因此,正如在苏格拉底和柏拉图当中真实存在着两个本性,同理也会有两个较小统一体。但这两个较小统一体或者是共同性的,或者和共同性密不可分,因而也就和共同的东西密不可分。因此,在苏格拉底和柏拉图当中就有两个共同的本性,因而也就有两个种,苏格拉底属于一个共同本性,而柏拉图属于另一个。因此,有多少个体,就会有多少共同的本性(即使是最普遍的本性也不例外),但这似乎是荒谬的。

【1.2.2.1】或许有人会反驳说:一个东西本身不是完全共相,而只有在被理智认识时才是完全共相。

【1.2.2.1.1】我对此的回应:直接被称为共相的东西究竟是什么,是灵魂之外的真实之物,还是思维的对象,还是真实之物和思维对象的结合?如果是第一个情形,那么个体就是完全共相,而这和司各脱自己的说法背道而驰,因为在他看来,灵魂之外没有任何东西不是真正的个体。因此,真正是个体的同一个东西也是共同的,其个体性不会多于共同性,反之亦然。因此,有多少个体,就有多少共相。

如果是第二个情形,那么任何【真实存在的】事物都不是共相,不论是完全共相还是不完全共相,不论是现实的共相还是潜在的共相,因为上帝的全能不能完成的任何东西都不会是潜在的或不完全的。当某个东西拥有一个现实活动、却没有对另一个活动的潜能时(例如连续体的无限分割,或者某种可能产生矛盾的东西),情况就是如此。因此,如果思维的对象是完全且现实的共相,而灵魂之外的事物不是完全且现实的共相,那么,灵魂之外的事物就不可能是共相。

如果是第三个情形,我们就证明了【原本的】结论,因为整体的增多总是跟随着任何部分的增多。因此,如果完全的共相是真实之物和思维对象的聚合,那么有多少作为部分的灵魂之外的真实之物,就有多少个由这些部分聚合而成的完全共相。由此可知,有多少个体,就有多少个最普遍的属。

【1.2.2.1.2】此外,正如共相是多中的"一",属于多且可被述谓给多,同样地,共同的东西也是多中的"一",属于多且可被述谓给多,而根据司各脱的说法,这就足以使某物成为完全共相。因此,每个共同的东西都拥有使某物

成为完全共相、从而使之成为种或属所需的一切。但正如我们所指出的,在他们看来,共同性属于理智之外的本性,因此完全共相也是如此。因此,既然有多少共同性就有多少个体,那么同样地,在现实中,有多少个体,就有多少最普遍的属。

对上述论点的证明:如果苏格拉底当中的那个本性真正是共同的,那么,既然苏格拉底被毁灭时他的一切本质都会随之被毁灭,那么这个共同物也会被真正毁灭。但可以肯定的是,在一个个体被毁灭后,某个共同物仍然会【在另一个个体当中】留存下来。根据司各脱的说法,我们可以从这种矛盾①推断出一种【共同物之间的】实质区分。因此,这个共同物并不是另一个共同物,因此当这些共同之物存在时,它们是多。

【1.2.2.2】或许有人会反驳说:本性不是共同的,因为限缩差使它成为某种专属于苏格拉底的本性。

【1.2.2.2.1】我对此的回应:你说这种共同性属于理智之外的本性,那么这里所谓的"本性"指代(supposit)的又是什么呢?它或者指真实存在,或者指思维对象。但"本性"不可能指代思维对象,因为"理智之外的思维对象"是自相矛盾的。而如果"本性"指真实存在,那么它或者指个别的真实存在,或者指非个别的真实存在。如果是第一种情形【个别的真实存在】,那么本性就不是共同的,因此它本身就不是共同的;而如果是第二种情形【非个别的真实存在】,那么在灵魂之外就有某些东西不是真正的个体,但司各脱否认这一点,因为他说本性在数量上真正是"一"、是个体。

【1.2.3】对第二个反驳的第三个证明是:苏格拉底的人性和柏拉图的人性之间有实质区分,所以它们每个都是真正数量上的"一"。因此,它们不是共同的。

【1.2.3.1】或许有人会反驳说:这些本性是由于某种附加的差异才有所区分,正如某些本性是由于某种附加的差异才是数量上的"一",因此本性本身并非单一,而是共同的。

【1.2.3.1.1】我对此的回应:每一物都和其他物有根本的区分,不论这种区分是基于该物本身,还是通过它的内在性质。但苏格拉底当中的人性和柏拉图当中的人性有根本的区分。因此,这两者的区分或者是基于苏格拉底的

---

① 译注:即一个个体被毁灭了,但另一个个体(和其中的共同物)留存下来。

人性本身,或者是通过它的某种内在性质,而非某个附加的东西。这个论证的大前提是正确的,因为说苏格拉底和这只驴子有根本区分的原因在于柏拉图,这显然毫无道理。

【1.2.3.1.2】再者,任何存在物都和自己同一,和它物相异。因此,没有任何存在物是由于某些外在因素才和某个东西同一或相异。

【1.2.3.1.3】此外,根据哲学家和注释家在《形而上学》卷四中的看法,每个存在物都是由于其本质而非某个附加的因素才是"一"。因此,没有任何东西是因为某个附加因素而成为数量上的"一"。因此,如果苏格拉底当中的本性在数量上是"一",那么这是因为它自身或其本质之故。

【1.2.3.1.4】此外,如果本性在数量上是"一",那么它就不是共同的,因此它本身就不是共同的,因为"本身"这个概念并不是削减性或限缩性的限定。因此,我们可以从"对可限定物的绝对否定"有效地推出"对可限定物本身的否定"。因此,正如我们可以从"苏格拉底不是人"推出"苏格拉底不必然是人",我们同样也可以从"苏格拉底当中的人性不是共同的"推出"苏格拉底当中的人性本身不是共同的"。

对上述论点的证明:每当我们说某物不是在肯定意义下而是在否定意义下属于另一物本身时(例如,当我们说"被造物本身是非存在""质料本身是不具形式的"时,这从字面上看是错误的,但如果从某些否定词的角度来理解则为真,如"物质本身不是有形式的"和"被造物本身不是拥有这个或那个性质的存在物"),尽管它不一定实际上属于那另一物,它也至少可以通过上帝的全能而绝对地属于它。例如,被造物本身可以是非存在,质料本身可以是不具形式的。因此,同样地,苏格拉底当中的人性也可以被许多人共同拥有。但这个后件不可能成立,所以前件也是。

对后件【即苏格拉底当中的人性可以被许多人共同拥有】为假的证明是:当两个东西是实质上同一个东西时,那么除非其中一个和另一个实质同一,否则另一个绝不可能和前一个之实质同一。这一点对被造物来说是成立的,甚至在某种程度上对上帝而言也成立,因为虽然"圣父是圣子"是不正确的说法(尽管两者都拥有神圣本质的同一性),但"圣父是圣子所是的那个东西"仍然是真的。因此,既然苏格拉底当中的人性和限缩差是实质上同一个东西,那么如果苏格拉底当中的人性和柏拉图的限缩差是实质上同一个东西,那么,苏格拉底的限缩差和柏拉图的限缩差就可以是同一个东西,因此某个东西既可以是苏格拉底,也可以是柏拉图。但这是矛盾的。

【1.2.3.1.5】此外,根据司各脱的说法,如果某物和另一物之间有实质区分,而且另一物不包含在对该物的形式认识当中,那么它就可以不通过另一物来被直观地认识。他甚至主张神圣本质可以不通过位格来被认识。因此,苏格拉底当中的人性可以不通过限缩差来被直观地认识。同样地,柏拉图当中的人性也可以不通过限缩差来被直观地认识。因此,既然人性是根据位置和主体来区分的,理智就可以不通过任何限缩差来区分某个人性和另一个人性。但如果两个人性只能通过它们的限缩差来区分,那么上述情形是不可能的。因此,它们本身在数量上就是有所区分的。

对上述论点的证明一:理智可以通过说"这个东西不是那个东西"来形成一个否定命题,并且理智可以知道这个命题为真。既然如此,那么某个事物本身就不是其他事物。

对上述论点的证明二:根据司各脱的说法,形式上相容或不相容的两个东西是因为其自身的形式特征才相容或不相容。因此,我们可以用同样方式来证明:任何彼此不同或相同的两个东西,也是因为其自身的形式特征而彼此不同或相同。因此,如果苏格拉底当中的人性和柏拉图当中的人性真正彼此不同,那么它们的不同就是因为它们各自的形式特征,而非任何附加因素。因此,在没有任何附加因素的情况下,它们中的每一个都和另一个有实质区分。以上证明的前提是成立的,因为他这么说:"我们应该注意到,正如不相容的两个东西是因为其自身特性而不相容,同样地,相容性也是来自相容的两个东西自身的特性。"

【1.2.3.2】或许有人会反驳说:当你说"这些人性是真正彼此不同"时,"这些人性"一词已经包含了限缩差,因为人性正是由于限缩差才成为"这些人性"。因此,它们是通过它们的形式特征来区分的,因为那些限缩差属于这些人性的形式特征,因为一旦这些限缩差被取消了,就只会留下无差异的【既不属于这个人也不属于那个人的】人性。

【1.2.3.2.1】我对此的回应:只要某些东西之间有实质区分,我们就可以设定另一个东西,使其只代表其中一个而不代表另一个。如若不然,就不可能有任何真正的命题来表明两者之间的区分。现在,既然司各脱主张在苏格拉底当中有某个和限缩差有形式区分的东西(尽管这个东西和限缩差是实质同一的,并且是真正的个体),那么我就用"A"来指代这个在苏格拉底当中和

其限缩差有形式区分但没有实质区分的东西,然后用"B"来指代那个在柏拉图当中和其限缩差有形式区分但没有实质区分的东西(尽管它和限缩差是实质同一的)。现在我问:A 和 B 是否实质同一呢? 如果是,那么只要它们保持不变,它们就没有实质区分,因此在苏格拉底和柏拉图当中确实有一些无差别的东西。但司各脱否认这一点,因为他说在苏格拉底和柏拉图之间没有任何无区分的东西是实质同一的。而如果它们不是实质同一的,那么它们之间就有实质区分,并且这种区分取决于它们各自的形式特征。但根据我们前面的假设,这种形式特征并不包括限缩差。由此可知,它们本身就是彼此相异的。

【1.2.3.2.2】此外,司各脱认为这个命题为真:"A 和柏拉图的限缩差有实质差异。"因此,这两者是因为 A 自身的性质而有所不同。因此,它们的实质区分是由于 A 自身的性质。因此,它本身就是有实质区分的。但这种区分是在数量上的,和种或属无关。因此,它本身就是数量上的"一"。

【1.2.3.3】或许有人会反驳说:当任何两个东西互斥或相容时,这或者是由于它们自身的特性,或者是由于和它们实质同一的某些东西。

【1.2.3.3.1】但这种说法是无效的,因为这位博士【司各脱】清楚表明了,他在这里谈的不仅仅是实质不同的东西之间的互斥和相容,而且还包括了仅在形式上有所区分的东西之间的互斥和相容,如神圣本质和三位一体的关系。因此,即使不考虑上述的限缩差,A 和 B 之间仍然会有实质区分或实质同一。但它们之间没有实质同一,否则我们无法将它们真正区分开来。因此,它们之间是因为它们自身的缘故而有实质区分。

【1.2.4】对第二个反驳的第四个证明是:正如第一个问题所表明的,如果被限缩的本性和每个限缩等级之间都有实质区分,那么本性就是数量上的"一"。因此,既然本性并没有因为自己和限缩差之间的实质同一而不再是"一",那么本性本身就是数量上的"一"。

对上述论点的证明:本性不会因为自己和某个拥有最高程度统一性的东西实质同一而失去自身的统一性。因此,它也不会因为自己和个体差之间的实质同一而失去自身的统一性,更不会因为自己和个体差之间的实质区分而失去自身的统一性。①

---

① 译注:某物的"统一性"(unity)指的是它作为一个东西的特性。"某物拥有统一性"的意思相当于"某物是统一体(unity)",正如"苏格拉底有人性"相当于"苏格拉底是人"。

对上述论点的证明：根据司各脱的说法，不论有实质区分的某些东西之间有什么样的排序方式，如果它们之间的区分不是实质的，那么它们之间也仍然拥有同样的排序方式。但如果限缩差和本性之间有实质区分，那么这就构成了两个东西的序列，而每个东西本身在数量上都是"一"，且其中一个本身是潜能，另一个则是现实。因此，当它们之间有形式区分时，它们之间的序列也是相似的。

当涉及种差当中的属的本性时，这种情形更为明显。如果【作为属的】颜色的本性既不和白这个种差实质同一，也不和黑这个种差实质同一，而这两个颜色的本性本身又彼此不同，那么它们之间就必定有较完美和较不完美的排序关系。而如果这两个本性和种差没有实质区分，但彼此有实质区分，那么它们之间就会有相同的排序关系。如果它们本身没有区分，那么那种情形是不可能的，因为"某些项之间有较完美和较不完美的排序关系"和"它们本身没有区分"是相互矛盾的，因为完美必定不同于不完美。因此，如果这些种差之间有较完美和较不完美的排序关系，那么它们本身就是不同的。

【1.2.5】对第二个反驳的第五个证明是：【如果司各脱的论点成立，那么】个体的等级和本性一样可以被多个东西共同拥有，个体的等级甚至可以被多个共相共同拥有。但本性和个体差的关系抵触了上述结论。因此，个体等级被多个东西共同拥有的程度并不小于本性被多个东西共同拥有的程度。

【1.2.6】对第二个反驳的第六个论证是：个体差和本性或者有相同特征，或者没有。假设它们有相同特征，那么它们当中的任何一个都不会比另一个有更多的个别性。假设它们没有相同特征，我对这种假设的反驳如下：对被造物而言，是同一物的某些东西不会有不同特征，但个体差和被限缩的本性是同一物，因此得证。

此外，如果某些东西是同一物，而另一些东西不是同一物，那么前者之间的相似性和一致性会大于或等于后者之间的相似性和一致性。因此，只要它们都有同样程度的简单性或复合性，它们就能或多或少地彼此相似或一致。因此，如果限缩人性的个体等级和限缩驴性的个体等级在作为个体存在的属性上一致，那么个体等级和本性同样也会有相同性质，因为本性和个体等级是实质同一的。

此外，实质相同的两个东西之间共同拥有的相同性质，不会少于实质相异的两个东西之间共同拥有的相同性质。但苏格拉底当中的本性和柏拉图当中的本性是实质相异的,而它们拥有相同的性质。因此,苏格拉底的性质和限缩差会拥有更多的相同性质。

再者,【如果司各脱的论点成立,那么】苏格拉底的特征就会不同于柏拉图的一切特征。但这是错误的,因为这么一来,苏格拉底和柏拉图就不会在绝对意义下拥有某些相同特征。

【1.2.7】对第二个反驳的第七个证明是:如果本性只被一个仅仅在形式上与之不同的限缩差所限缩,那么不只在上帝和被造物之间,而且在被造的多个个体之间都将会有真实的单义述谓①。但司各脱认为上述后件为假,因为他在别处曾说:在上述情况下,对上帝和被造物而言单义的东西是概念,而非真实存在之物。

这个论证显然是成立的,因为如果在上帝当中有着被限缩物和限缩物的组合,那么上述单义述谓就无法成立。但如果我们主张上帝当中有形式区分,那么在上帝当中就没有【被限缩物和限缩物的】组合,因为只有形式区分的两个东西不会组成任何东西。这一点在神圣本质和三位一体关系那里是显而易见的。因此,上帝的简单性和单义述谓并不冲突。

对上述论点的证明一:彼此之间有形式区分的几个东西,并不比其他几个彼此之间有形式区分的东西更易于组成一物,尽管前者比后者有更大程度的形式区分。这是因为,不论我们基于什么理由去设定不同形式区分之间的等级,同样的理由也适用于彼此之间有形式区分的几个东西的组合。

对上述论点的证明二:如果彼此之间有或多或少的实质区分的几个东西可以组成本身是"一"的某物,那么彼此之间有更小程度实质区分的其他几个东西也可以组成"一"物。同样地,如果彼此之间有或多或少的形式区分的几个东西可以组成本身是一的某物,那么彼此之间有更小程度形式区分的其他几个东西也可以组成一物。因此,或者一切有形式区分的东西都构成某个本身是"一"的东西,或者它们没有构成任何东西。

---

① 译注:单义性是出自司各脱的术语。司各脱认为在上帝和被造物之间没有任何真实的共同之处,但单义的"存在物"(ens, being)概念适用于这两者,换言之,我们可以在同一个"存在物"的意义下说"上帝是存在物"和"苏格拉底是存在物"。因此,对司各脱来说,单义性并非真实的,而只是概念性的。阿奎那的看法与司各脱对立,他认为"存在"一词在"上帝存在"和"苏格拉底存在"当中的意义不同,但有类比关系(analogy)。

（二）奥康的指代理论①

1. 论指代

我们已经讨论了词项的各种意义，现在要讨论指代（supposition）。指代是词项的一种性质，但只有在命题中，它才是词项的性质。

首先应该注意，"指代"有广义和狭义两种意思。在广义上，这个术语并不和"称呼"（appellation）对立。相反，"称呼"是附属于"指代"的一个术语。但狭义而言，这两个术语是对立的。我要谈论的是广义而不是狭义的指代。按照我对这个术语的界定，主词和谓词都有指代的作用，而且一般来说，任何可以成为命题的主词或谓词的词项，都有这种作用。

我们把指代理解为一种"代表"。当一个词项在命题中以某种方式代表某个东西，以至于我们用这个词项表示这个东西，并且这个词项或（如果它在间接格）它的主格被正确地用来述谓那个东西（或意指这个东西的代词）时，这个词项就指代这个东西。至少当它被有意义地使用时，情况是如此。

更一般地说，如果起指代作用的词项是主词，它指代的就是包含它的命题的谓词被用来述谓的那个东西（或指称这个东西的代词）。然而，如果起指代作用的词项是谓词，那么它指代的就是主词被断言所是的那个东西（或被名称命名的那个东西）。举例来说，如果"人是动物"这个命题断言了苏格拉底是动物，那么当"这是动物"指的是苏格拉底时，"这是动物"这个命题就为真。但"'人'是一个名称"这个命题断言的是"人"这个词是一个名称，因此，在这个命题中，"人"指代的是一个"有声的词"（voice）。同样，"这个白的东西是动物"这个命题断言了这个是白的东西是动物。于是，"这是动物"这个命题在指那个白的东西时就为真，因为它的主词指代了那个东西。同样的道理适用于述谓。因为"苏格拉底是白的"这个命题断言苏格拉底是有白性的

---

① 选自 William of Ockham. *Summa logicae* Ⅰ, section 63 – 66. In *Opera philosophica*, vol. 1. Philotheus Boehner, Gedeon Gál and Stephen Brown (eds.). St. Bonaventure：The Franciscan Institute, 1974。标题出自原书。编译者参考的英译本是 Michael J. Loux (trans.). *Ockham's Theory of Terms: Part I of Summa Logicae*. Notre Dame：University of Notre Dame Press, 1974。

东西,所以这个谓词指代有白性的东西。如果除苏格拉底外,任何东西都不会有白性,那么这个谓词就只指代苏格拉底。

由此我们得出一条通则:一个词项(至少当它被有意义地使用时)在任何命题中都无法指代任何事物,除非它被正确地用来述谓那个事物。根据这条规则,某些人的看法就是错误的。他们认为,作为谓词的具体词项指代的是【抽象的】形式,所以在"苏格拉底是白的"里,"白的"这个词指代的是白性。错误的原因在于,不论这个词项如何指代,"白性是白的"都是错误的。因此,根据亚里士多德的说法,这种具体词项从不指代相应的抽象词项所意谓的抽象形式。……

2. 论指代的划分

但应该注意,指代首先可以划分为人称指代(personal supposition)、简单指代(simple supposition)和质料指代(material supposition)。

一般来说,当一个词项指代它所意谓(signify)①的东西时,它就有人称指代的作用,不论这个东西是心灵之外的存在物、说出的词、心中的概念、写下的词,还是其他任何可以想象的东西。因此,每当一个命题的主词或谓词指代它所意谓的东西,因而被有意义地使用时,这个词项就起到人称指代的作用。

第一种情况的例子是,在"每个人都是动物"中,"人"这个词指代它所意谓的东西。因为"人"不被用来意谓不是人的东西。它意谓的不是每个人之间共同的东西【即抽象普遍的人性】,而是(正如大马士革的约翰所说)【具体个别的】人。第二种情况的例子是"每个说出的名称都是话语(speech)的一部分"。"名称"这个词只指代说出的词,但由于它被用来意谓说出的词,它就有人称指代的作用。第三种情况的例子是,在"每个种都是共相"和"每个心中的概念都存在于心灵当中"中,主词有人称指代的作用。因为它们都指代它们被用来意谓的东西。第四种情况的例子是,在"每个写下的表达式都是一个表达式"中,主词指代它所意谓的东西,即写下的字。因此,它也有人

---

① 译注:在中世纪哲学的术语里,一个词项意谓的东西或这个词项的"意义"(signification)指的是我们在使用(想到、说出或写下)这个词项的时候在心中相应出现的概念或想法。例如,如果我们在使用"柏拉图"这个词的时候,出现在心里的想法是"《理想国》的作者",那么"柏拉图"意谓的就是"《理想国》的作者"。

称指代的作用。

综上可知，某些人认为人称指代就是指代一个东西的词项，这种看法并没有恰当说明人称指代。正确的说法应该是：当一个词项指代它所意谓的东西，并且是有意义地这么指代时，它才有人称指代的作用。

当一个词项指代心中的概念，但不是有意义地起作用时，就出现简单指代的情形。例如，在"人是种"这个命题中，"人"这个词项指代心中的概念，因为种是心中的概念，但"人"确切地说并不意谓"种"这个概念。正相反，它附属于这个概念，并且意谓这个概念所意谓的东西。我在前面已经解释过这一点了。由此可知，某些人说简单指代就是指代它所意谓的东西，这种说法显然是错误的。当一个词项指代心中的概念，但这个概念不是词项原本专门意谓的东西时，才出现简单指代，因为这个起到简单指代作用的词项原本意谓的是真实事物（real things），而不是心中的概念。

当一个词项不是有意义地指代，而是指代一个被说出或被写下的词时，就有了质料指代。一个很好的例子是："'人'是一个名称"。这里，"人"这个词指代自身，但不意谓自身。同样，在"'人'被写下"这个命题里也有质料指代的例子，因为"人"这个词项指代被写下的东西。

但要注意，正如说出的词的指代可分为人称指代、简单指代和质料指代这三种形式，写下的词的指代也可分为这三种形式。以下面四个命题为例："人是动物""人是种""'人'是单音节的""'人'是一个写下的表达式"。这四个命题不可能都为真，除非它们各自的主词指代了不同的东西，因为是动物的东西，不可能也是一个种，更不可能是单音节的或是写下的表达式。同理，人这个种不是动物，也不是单音节的，依此类推。不过，上述最后那两个命题都包含了质料指代。

我们可以进一步区分说出的词和写下的词的指代。我们只需要名称就可以进行这种区分了。这个情形就好比人称指代和简单指代。在那里，我们有表示不同形式的指代的不同术语。不过我们现在没有可用来分辨质料指代的术语。

此外，正如写下和说出的词项都有不同形式的指代一样，心中的词项也有这些形式的指代，因为心中的概念可以指代它意谓的东西，指代它自身，也可以指代一个写下的或说出的词。

但要注意，我们不是因为词项指代一个人而说人称指代，不是因为词项指代简单的东西而说简单指代,也不是因为词项指代质料而说质料指代。之所以使用这些术语,是因为前面所说的原因。因此,"质料""人称""简单"这些术语在逻辑中和在其他学科中的使用是有歧义的。然而在逻辑中,它们很少不和"指代"这个术语连用。

3. 如何区分词项的指代

我们还应该注意:任何词项,在任何包含它的命题中,都可以有人称指代,除非使用它的人把它限制在另一种指代形式当中。同样,一个多义词项可以在任何命题中指代任何一个它意谓的东西,除非它被用来指代某个特定的东西。

但一个词项不能在任何命题中有简单指代或质料指代,除非与它关联的词指称了心中的概念、说出的词、写下的词。例如,在"人在跑"这个命题中,"人"这个词不能有简单指代或质料指代,因为"在跑"并不指心中的概念、说出的词或写下的词。另外,"种"意谓心中的概念,因此在"人是种"这个命题中,"人"这个词项可以有简单指代。此外,就"人是种"这个命题而言,我们还必须区分简单指代和人称指代。在简单指代的情况下,这个命题为真,因为它断言心中的概念是种;而在人称指代的情况下,这个命题为假,因为它断言"人"所意谓的某个东西是种。

上述区分也适用于下面这些命题:"'人'被用来述谓多个东西""'能笑'是'人'的属性""'能笑'被用来述谓'人'"。在这里我们必须在主词和谓词部分都区分不同的指代。同样,我们也必须在"'理性动物'是'人'的定义"这个命题里做这样的区分,因为如果这个命题涉及简单指代,它就为真,但如果它涉及人称指代,它就为假。对于其他许多命题来说也是这样,如"智慧是上帝的一种属性""创造性是上帝的属性""善和智慧是神圣的属性""善被用来述谓上帝""未出生是圣父的属性"。

同样地,当一个词项和指称说出或写下的词的主词或谓词联系起来时,我们也必须做出区分,因为这个词项或者表示人称指代,或者表示质料指代。举例来说,在以下情况我们就必须做出区分:"'苏格拉底'是一个名称""'人'是单音节的""'父性'意谓父亲的性质"。在最后一种情况下,区分是必要的,因为如果"父性"是质料指代,那么"'父性'意谓父亲的属性"就为真;但如果它是人称指代,这个命题就为假,因为这么一来父性就是父亲的性质,换言之,父亲是父性。下面的命题也应该以相同方式进行区分:"'理性的动物'意谓人的本质""'理性'意谓人的一部分""'白人'意谓某个偶然形成的聚合物""'白人'是一个复合词项"。

有些规则必须在这里详细说明。当某个能表示这三种形式的指代的词项和一个端项①联结在一起,并且这个端项是(写下或说出的)简单词项或复合词项时,这个词项就可以有质料指代或人称指代的作用。因此,我们就必须对相关的命题做相应的区分。另外,当一个词项和一个意谓心中的概念的端项联结在一起时,这个词项就有简单指代或人称指代的作用;但当它和一个对所有这些词项而言都是共同端项的端项联结在一起时,这个词项就可以有简单指代、质料指代或人称指代的作用。因此,我们必须对"'人'被用来述谓多个东西"的情况进行区分。如果"人"有人称指代,这个命题就为假,因为它表示"人"这个词项意谓的某个存在物被用来述谓多个东西。然而,如果"人"有简单指代或质料指代(不论是关于说出的词或写下的词),这个命题就为真,因为普遍概念和词(不论说出的词或写下的)的确被我们用来述谓多个东西。

4. 反驳和回应

针对上述指代理论,人们会有以下几点反驳。

反驳一:假设命题"人是被造物中最尊贵的"为真,那么这里的"人"有什么形式的指代呢?它没有人称指代,因为每个相关的单称命题②都为假。既然如此,那么它必然有简单指代。但如果在简单指代中词项代表的是心中的概念,那么这个命题就仍然为假,因为没有任何心中的概念会是被造物中最有价值的。因此,【和奥康所说相反,】在简单指代中,词项不代表心中的概念。

反驳二:假设"视觉的根本③对象是颜色"这个命题为真。然而,每个相

---

① 译注:"端项"指的是一个命题两端的主词和/或谓词。
② 译注:这里的"相关的单称命题"包括"苏格拉底是被造物中最有价值的""柏拉图是被造物中最有价值的"等。
③ 译注:在"视觉的根本对象是颜色"和后面的"人的根本性质是会笑"等例句中,"根本"一词都是在强调某种普遍性和必然性。例如,"人的根本性质是会笑"的意思是"会笑的性质对每个人来说都是不可或缺的",而"视觉的根本对象是颜色"的意思则是"每个视觉对象都必然是有颜色的(虽然不一定是哪一种颜色)"。

关的单称命题都为假,因此这必然是简单指代的一种情况。但如果主词"颜色"指代心中的概念,这个命题就会为假。因此,在简单指代中,词项不代表心中的概念。同样地,"人的根本性质是会笑"这个命题也为真,但这里"人"既不指代一个个别的东西,也不指代心中的概念,因此它一定指代其他某种东西。以上论证也适用于下面这些情况:"存在物在根本上是'一'""上帝在根本上是位格"。这些命题都为真,但它们的主词既不指代某个特定的东西,也不指代心中的概念,因此它必定指代其他某种东西。但在这些命题中,主词都有简单指代。因此,在简单指代中,词项不指代心中的概念。

反驳三:我们不用语词来述谓语词,也不用概念来述谓概念,否则每个像"人是动物"这样的命题都会是假的。

我对反驳一的回应:在"人是被造物中最尊贵的"这个命题中,说主词"人"有简单指代是错误的。在这个命题中,"人"有人称指代。反驳一是不成功的,而且实际上还可以用来推翻反驳者自己。反驳者论证说,如果"人"有人称指代,那么这个命题就为假,因为所有相关的单称命题都将为假。但这种推论方式和他们自己的说明相悖,因为如果在这个命题中"人"不代表任何单个的东西、而是代表其他某种东西,那么这种东西就会是被造物中最尊贵的。但这是错误的,因为在这种情况下,它就会比任何人都尊贵,而这显然和反驳者自己的说法对立,因为他们认为普遍物或种并不比其下的个别物更尊贵。如他们所说,普遍程度较低的东西总是包含普遍程度较高的东西。因此,作为人的一部分的普遍形式不会比人更尊贵。因此,如果"人是所有被造物中最尊贵的"这个命题的主词指代的不是个别的人而是其他东西,这个命题就为假。

因此,正确的解释应该是:"人"是人称指代,而且"人是被造物中最尊贵的"这个命题从字面上理解是错误的,因为相关的单称命题都为假。然而,断言这个命题的人实际想表达的意思却是正确的,因为他们的意思并不是"普遍意义下的人比任何被造物都更尊贵",而是"任何一个人都比所有不是人的被造物更尊贵"——这个命题在涉及有形的被造物时为真,但在涉及理智体时则否。这种事情常常发生,例如,作家和学者的一些命题从字面上解释的时候是假的,但根据他们的本意来看时是真的。这里的情况就是如此。

我对反驳二的回应:"视觉的根本对象是颜色""人的根本性质是会笑""存在物在根本上是一""人在根本上是理性动物""三角形在根本上有三个

角""听觉的根本对象是声音",所有这些命题在字面上都是错的,但亚里士多德想借此表达的意思是正确的。要注意,亚里士多德和其他一些作家常常把具体物视为抽象物,并且把抽象物看作具体物,也常常把单数的视为复数的,并且把复数的看作单数的。同样地,他们还常常把产生性表述(effected act)视为意谓性表述(signified act),也经常把意谓性表述视为产生性表述。

　　产生性表述是由"是"(is)或类似表达式表示的语句,这种语句不仅意谓某个东西被用来述谓另一个东西,而且实际上产生了某个东西对另一个东西的述谓。"人是动物"(man is animal)、"人在争论"(man disputes)和"人在跑"(man runs)就是这样的语句。意谓性表述则是由"被用来述谓"(to be predicated of)、"以……作为主词"(to have as subject)、"被肯定为"(to be affirmed of)和"属于"(to belong to)之类的动词表示的表述(所有这些动词都意谓相同的东西)。例如,在"'动物'被用来述谓人"这个命题里,"动物"实际上并没有被用来述谓人,因为在这个命题里"动物"起的是主词的作用,而不是谓词的作用。这就是一个意谓表述的例子。因此,说"'动物'被用来述谓人"和说"人是动物"其实不是一回事,因为其中一个句子比另一个句子在结构上更复杂。同样,说属被用来述谓"人"这个统称词项(general term)和说"人"这个统称词项是一个属也不是一回事。此外,说属被用来述谓其下的种或"动物"这个词被用来述谓"人"这个词,和说"种是属"或"'人'这个词是'动物'这个词",也是非常不同的,因为前两个说法为真,而后两个说法则否。尽管有这种差异,亚里士多德依然有时把产生性表述当作意谓性表述,有时把意谓性表述当作产生性表述,其他人也是如此,而这误导了很多人。

　　现在,我们所讨论的情况就涉及了这种混淆。当人们像亚里士多德在《分析后篇》中那样理解"根本"这个词时,"人的根本性质是会笑"和"种是属"都是因为同样的原因而为假。然而,意谓性表述"'会笑'这个谓词在根本上被用来述谓'人'"却为真。在这个意谓性表述中,"人"和"会笑"都简单地指代心中的概念,不过"会笑"在根本上被用来述谓的并不是"人"这个概念本身,而是其下的个体。【相应的】产生性表述则应该表达为:"每个人都会笑,而且任何不是人的东西都不会笑。"因此,在意谓性表述中,"人"简单地指代概念,而在相应的产生性表述中,"人"以人称指代的方式指代相关的个体,因为只有个体才会笑。因此,"根本"这个词项在意谓性表述中的使用是正确的,但在相应的产生性表述中没有作用,因为"根本"的意思无非是

"被用来普遍地述谓某种东西,而且不述谓其他任何东西"。所以,与这种意谓性表述相应的产生性表述应该有两种。在"听觉的根本对象是声音"这个命题中,情况也类似。从字面看来,这个命题并不正确,因为"声音"或者指代个别物,或者指代普遍物。如果它指代个别物,那么这个命题就为假,因为所有相关的单称命题都为假。但即使它指代普遍物,这个命题仍然为假,因为根据反对者的意见,任何普遍物都不能通过感觉而被认识。因此,从字面看来,"听觉的根本对象是声音"为假。

然而,使用这种用语的人会坚持认为,这个命题意谓的是下面这种意谓性表述:"'能够被听觉把握'首先述谓声音"。这里的谓项正是首先被用来述谓这个一般词项的东西,它表示的不是自己,而是它下属的个别物。在以"声音"为主词、以"能够被听觉把握"为谓项的命题中,"声音"并没有简单地指代自身,而是指代它下属的个别物。因此,在意谓表述中,"声音"简单地指代心中的概念,但在两种产生性表述中,它都是它下属个别物的人称指代,即指代它所意谓的东西。

神学提供了一个例子,可以清楚地说明以上观点。"不依赖于任何其他指代的完整理性实体首先是位格"这一命题为真。基于相同理由,"人的根本性质是会笑"也为真。同一种理由适用于这两种情况。但假定这个命题的主词是下属个别物的人称指代,那么在这种情况下,这个命题就为假,因为所有相关的单称命题都为假。根据归纳法,这显然是如此。因此,假定它是一般的形式的简单指代,那么在这种情况下,这个命题也为假,因为任何一般的形式,不论它是否是根本性质,都不是位格。根据反对者的意见,位格这个概念和普遍物这个概念是矛盾的。同样的道理也适用于以下命题:"个体的根本性质是一""个体的根本性质和普遍物不同"。从字面上理解,它们为假,然而和它们相应的意谓性表述却为真。

因此,正确的解释应该像之前所说的那样:当一个词项指代心中的概念,而这个概念或者由于人的述谓行为而普遍适用于许多东西,或者像有时发生的那样专属于一个东西的时候,这个词项就有简单指代。之所以如此,是因为除了个体之外,任何东西都不可能是真正的事物。

有些人误以为个体之外还有某种东西。他们误以为有别于个体的人性是存在于个体当中、属于其本质的某种东西。这种观点使他们陷入上面提到的那些困难和其他许多逻辑困难。然而,正如波菲利在《亚里士多德范畴篇引论》当中所说,解决这种错误并不是逻辑学家的任务。逻辑学家只需要否认:当一个词项指代其所意谓的东西时,就出现简单指代。他们还必须指出:如果一个统称词项指代的东西对其所意谓的东西而言是普遍的,那么它就有简单指代。至于普遍的东西是不是存在于事物当中,这不是逻辑学家要解释的。

我对反驳三的回应:当语词被用来述谓语词或概念被用来述谓概念的时候,它们表示的并不是自己,而是【它们指代的】事物。例如,在"人是动物"这个命题中,我们用一个语词来述谓另一个语词,或用一个概念来述谓另一个概念,但我们并没有断言这个语词就是那个语词、这个概念就是那个概念。我们所断言的其实是:主词所代表或指代的东西,正是谓词所代表或指代的东西。

但可能有人会反对说:"胡椒在这里和在罗马都有出售"这个命题为真,但相关的两个单称命题都为假。① 因此,只有当"胡椒"简单地指代某个不是心中概念的东西时,原本的命题才为真。但【根据奥康的理论,】在简单指代中,词项不指代概念。

我的回答是:如果原始命题中在主词位置的端项是合取式,那么它就为假,因为相关的两个单称命题都为假。② 而如果它的主词被理解为有简单指代,那么它依然为假,因为不论主词指代的是心灵之外还是心灵之内的东西,都没有人会想买胡椒的共相,因为人们想买的是他们没有的个别胡椒。然而,如果这个命题本身被理解为合取式——亦即"胡椒在这里出售,而且胡椒在罗马出售"——那么这个命题为真,因为它的两个合取项在分别指代不同的个别事物时都为真。根据这种解读,"胡椒在这里和在罗马都有出售"和"个别的胡椒在这里出售,而且个别的胡椒在罗马也有出售"一样都为真。

---

① 译注:反驳者的意思是,因为同一个个体不可能同时存在于不同地方,所以原始命题当中的"胡椒"没有人称指代,但相关的单称命题"胡椒在这里有出售"和"胡椒在罗马有出售"为真的必要条件是"胡椒"有人称指代,因此相关的单称命题为假。

② 译注:在逻辑学术语中,合取式(conjunction)指的是"a 和 b",而 a、b 则被称为这个合取式的合取项(conjunctive)。奥康的意思是,如果原始命题中在谓词位置的端项是"在这里和在罗马"这个合取式,那么相关的单称命题就为假,因为不可能有个体同时在这里和在罗马。

第四篇

世界的永恒存在

引　言

亚里士多德认为天体、地球和自然界的所有物种都永恒地存在,而且某个最终的动力因——所谓的"第一推动者"——必然地推动了天体,使其处于永恒运动的状态中。这种以亚里士多德哲学为核心的宇宙论在中世纪基督教世界当中有很强的影响力,它作为科学理论的地位,大致相当于我们这个时代的天体物理学。但这种观点并不符合基督教教义,基督教认为这个世界的存在有时间上的开端或起点,它是在有限的时间之前由上帝出于自己的自由意志所造的。因此,在中世纪,"世界是否永恒存在"这个问题最尖锐地体现了哲学理性和宗教信仰之间的冲突。尽管如此,在本篇收录的文本中,只有两位哲学家采取了明确的立场:西格尔主张世界永恒存在,而亨利则坚称世界不可能永恒存在。相对之下,阿奎那和奥康则分别基于不同理由主张我们无法用哲学方式充分解释世界是否永恒存在。乍看之下,"世界不永恒存在"似乎很接近当代的大爆炸理论,它们都主张宇宙有某种意义下的起源。但这两个论点之间其实有极大的不同:根据中世纪"世界不永恒存在"的说法,世界的起源是绝对意义下的"无"(nothing)——换言之,在世界开始存在之前,不存在任何东西;但根据大爆炸理论,世界在大爆炸发生之前的初始状态是所谓的"奇点"(singularity),它并非不存在,而只是一个体积无限小、密度无限大、引力无限大、时空曲率无限大的点。

本篇文本分别摘录自西格尔的《论世界的永恒》、阿奎那的《神学大全》卷一的第四十六题、亨利的《任意论题集》和奥康的《问题杂集》。

第一章　布拉班特的西格尔

《论世界的永恒》[①]

【对世界不永恒存在的第一个证明：】人这个种，以及一般而言所有个体所属的种，是否本来并不存在，而唯有通过可生成和可毁坏的个体的生成才开始存在？乍看之下，似乎的确如此。对此的证明之一是：种当中的任何一个个体原本都不存在，而之后才存在，也就是说，种本身也是新出现的，它的存在有开端，因为种在此之前并没有普遍而完整的存在。人是如此，其他所有可生成和可毁坏的个体的种也是如此，因为这些种当中的任何一个个体在开始存在之前都不曾存在。因此，这些种之前并不存在，而是新出现和初始的。上述论证的小前提显然是成立的，而它的大前提可以这样阐明：除非是存在于一个或多个个别物当中，否则种不会存在，也没有任何原因会造成其存在。因此，如果这些可生成和可毁坏的个体是从不存在状态当中被创造出来的，那么，那些个体所属的种也是如此。

【对世界不永恒存在的第二个证明：】上述论点还可以由以下证明推导出来。一方面，因为共相只有在个体当中才能存在，所以共相只有随着个体的产生才能被产生。另一方面，每个存在物都产生自上帝。所以，既然人这个共相是世界当中的某个存在物，因而产生自上帝，那么他也必然是在某个特

[①] 选自 Siger de Brabant. *Quaestiones in tertium de anima*, *De anima intellectiva*, *De aeternitate mundi*, *De aeternitate mundi*. Louvain/Paris：Publications universitaires/Béatrice - Nauwelaerts, 1972。标题为原书书名。编译者参考的英译本是 Cyril Vollert, S. J., Lottie H. Kendzierski, and Paul M. Byrne, L. S. M. (trans.). *On the Eternity of the World: St. Thomas Aquinas*, *Siger of Brabant*, *St. Bonaventure*. Milwaukee：Marquette University, 1964。在中世纪关于世界永恒的讨论中，"世界"泛指包括种在内的所有被造物，"永恒"并不涉及未来时间，它的意思是"在时间上没有开端""之前总是一直存在"。

定个体当中才开始存在。这和宇宙中的一切事物都出自上帝的道理是一样的。因为，正如某些哲学家所说，如果人不像可感知的天一样拥有个别的永恒性，那么人就是由上帝创造而成的。他先前并不存在，而是从某一时刻起开始存在。①

为了反驳上述论点，从而证明世界的永恒，我们必须探讨以下三个问题。第一个问题，我们必须说明人以及所有可被生成和毁坏的个体的种是如何被产生(caused)的。通过这个解释，我们就证明了世界的永恒存在。第二个问题，由于先前的论证预设了共相存在于个体当中，因此我们还必须说明共相究竟以何种方式存在于个体中。第三个问题……②

关于第一个问题，我们应该注意：按照亚里士多德的说法，除非通过生成(generation)，否则人无法被产生。此外，总体而言，任何存在于质料当中、因而拥有接受形式的潜能的事物，或者来自本质性生成，或者来自偶然性生成。再者，因为人是通过生成而被上帝产生的，所以他不是生发自上帝。

现在，虽然人以及一切拥有质料的种都来自生成，但这种生成并不是本质性，而是偶然性的。之所以不是来自本质性生成，是因为如果我们考察一切开始存在的被造物，我们会发现它们都来自个别的特定质料，因为虽然关于这些被造物的证明和认识涉及的是它们的共相，但它们的【生成】活动只和个别被造物有关。此外，种的定义不包含特定质料。因此，种并不来自本质性生成。基于同样理由，亚里士多德在《形而上学》卷七中也认为形式，以及形式和质料的复合物（也就是种），都不来自本质性生成。（我把种称为复合物，因为正如某个个体卡里亚斯是特定身体当中的特定灵魂，同样地，一般而言的动物也是一般而言的身体当中的一般而言的灵魂。）形式和种不来自本质性生成的共同理由在于：本质性生成是由不存在到存在、由缺乏到形式的变化过程，而该过程有赖于特定质料，但特定质料并没有被包含在形式或种的定义当中。

虽然人不来自本质性生成，但他来自偶然性生成。我们可以这么解释偶

---

① 译注：以上两个论证的共同思路是，被造物可划分为个体和种（或共相）两类。个体显然并不永恒存在。因此，如果种（或共相）以某种方式存在于个体中，因而也不永恒存在，那么所有被造物——也就是世界——都不会永恒存在。西格尔对这两个论证的反驳分别是：(1)种永恒地存在；(2)共相不在个体中。

② 译注：因篇幅有限，本书没有收录西格尔对第三个问题的讨论。

然性生成。人是从个别质料和个体中被抽象出来的,而如果他也可以从存在当中被抽象出来,那么他就既不来自本质性生成,也不来自偶然性生成了。但人的存在就是这个或那个人,例如苏格拉底或柏拉图,所以当苏格拉底被生成时,人也就被生成了。正如亚里士多德在《形而上学》中所言,如果我们制造了一个铜球,我们也就因而制造了一个球,因为一个铜球也是球。而正如苏格拉底是人,柏拉图也同样是人,其他人也是如此。因此,人是通过任何一个个体的生成来被生成的,而非来自一个特定的个体。

以上解释清楚地显示,为什么亚里士多德认为人一方面永恒存在,但另一方面又产生自其他因素。这并不是因为人是抽象的、和个体分离,也不是因为人像天体和理智体一样,存在于某个永恒的被生成个体当中。相反地,原因在于:对人类当中的所有个体来说,其中一个总是先于另一个被生成,因此人唯有通过当中任一个个体的存在和生成,才得以存在,才得以被生成。

由此可知,人是永恒存在的。他并非原本不存在、而后才开始存在。说人原本不存在、而后才开始存在,就相当于说在某一个体开始存在之前,没有其他个体存在。而且,因为只有通过一个个体先于另一个个体的生成,人才得以被生成,所以人的存在的确有其开端,而普遍来说,所有被生成的存在都有其开端。但它之所以有其开端,正是因为它先前早已存在。由此可知,苏格拉底出生,所以人存在,但人也因为先前出生的柏拉图而存在。

对共相来说,这并没有任何矛盾之处,正如"跑"和"不跑"对人而言没有任何不相容,因为(举例来说)跑的人是苏格拉底,而不跑的人是柏拉图。但从"苏格拉底在跑"这一事实不能推出"人作为一个种并没有在跑"。同理,虽然人因为苏格拉底的出生而开始存在,但这并不是说人在先前完全不存在。

通过上面的讨论,我们对前述第一个问题的回答就很清楚了。首先,以下论点并不成立:种是新的事物,【也就是说】它原本并不存在、之后才开始存在。之所以说任何个体原本不存在、之后才开始存在,是因为尽管一切个体都是在原本不存在的情形下开始存在,但只有在另一个体已经先存在的情况下,某个个体才会开始存在。但种并不是通过某个特定个体,而是通过任一个体的存在而存在的。因此,人并没有原本并不存在、之后才开始存在。因为,如果人这个种开始存在,那么这不但表示这个种之下的某一特定个体原本不存在、之后才开始存在,而且更表示:这个种之下的每一个个体在开始存在之前,它自己和其他一切个体原本都是不存在的。

我们这里的证明和亚里士多德在《物理学》卷四中探讨过去时间是否有限的证明是很类似的。他首先指出:过去的时间距今不论是近是远,都是一个特定的"彼时"(then),而这个特定的彼时距离"此时"(now)必定有一个可以测量的距离。因此,整个过去时间似乎就是有限的。从亚里士多德对"彼时"的定义来看,以上每个命题显然都是正确的。但亚里士多德对上述论证的回应是:虽然每个彼时都是有限的,但这个彼时之前还有另一个彼时,至于无限,因此整个过去时间并不是有限的,因为如果某物由"量"(quantity)方面有限之物组成,但它们在"数"(number)方面又是无限的,那么该物就是无限的。①

同样地,尽管人这个种当中的个体没有一个不是原本不存在、之后才开始存在,但这些个体之前还有另一个个体,至于无穷。因此,和时间一样,人并不是在之前完全不存在的情况下才开始存在的。就像过去时间必须经过某个彼时才获得存在,种也必须经由其中任何一个个体的存在才会存在。

其次,针对前述第二种表述②的论证,我们必须指出:除非在个别物当中,否则共相无法存在,也无法由其他原因生成。诚然,所有存在物都由上帝所造,因此作为存在物的人也由上帝所造。但"人是在某个特定个体当中才开始存在"这个结论不能从上述前提推论出来。其实这个推论根本是自相矛盾的,理由在于:首先,我们已经承认了除非在个别物当中,否则共相无法存在,也无法由其他原因生成。其次,人的确存在,并且是通过这个个体或另一个个体而存在。因此,我们必然会得出以下结论:人是在某个特定个体当中开始存在。虽然人偶然地通过某个个体在另一个个体之前的直到无穷的生成才开始存在,但这并不表示人原本不存在、而后只有在某些特定个体中才开始存在。

综上,我们应该考虑一下那些提出最初论点的哲学家们是如何得出这个论点的。他们想证明人是通过某些个体才开始存在,而不是本身就【永恒】存

---

① 译注:"量方面有限"的意思是每一单位(例如一秒钟)的时长是有限的,而"数方面无限"指的则是该单位有无限多个。

② 译注:即上一页西格尔所说的一段话——对共相来说,这并没有任何矛盾之处,正如"跑"和"不跑"对人而言没有任何不相容,因为(举例来说)跑的人是苏格拉底,而不跑的人是柏拉图。但从"苏格拉底在跑"这一事实不能推出"人作为一个种并没有在跑"。

在的被造物。为了证明这点,他们应该论证的是:"一个个体先于另一个个体产生、直到无穷"的情况并不存在。但他们并没有证明这点,而反倒假设了一个错误论点,即"人如果没有在某个特定的永恒个体中存在,就不能像天体一样被上帝创造成永恒的"。因此,当他们发现个体并不永恒存在时,他们就以为自己已经证明了人在没有事先存在的情况下开始存在。不过,我在这里无意主张他们试图证明的论点的对立面,而只是要指出他们的证明有缺陷。前面的讨论已足以表明这点了。

第二个问题是共相是否存在于个体当中。答案看来是否定的,因为亚里士多德在《论灵魂》卷二中指出,共相存在于心灵自身当中。德米斯特(Themistius)在讨论这个段落时也说,共相就是被心灵收集和贮存在自身中的普遍概念。他还在《论灵魂注释》中指出,属是从个体间微小的相似性推断出来的概念,而概念处于进行概括活动的心灵当中。因此,既然共相是概念,它就在灵魂当中。

但另一种相反的观点则认为:共相是【真实存在的】普遍物,否则它们就不能被用来述谓不同的个体。因此,共相并不在心灵当中。此外,被普遍概念述谓的事物(例如人和石头)并不在心灵当中,而是存在于被称为共相的东西中。现在,既然人和石头被称为共相,所以普遍概念就存在于人和石头中。因此,或者事物和普遍概念都在心灵当中,或者它们都不在心灵当中。但既然人和石头不在心灵当中,那么它们的共相似乎也不在心灵当中。①

我对上述问题的解释如下。正如亚里士多德在《形而上学》卷七中所说,共相本身并不是实体。以下这一点清楚说明了他的看法:共相本身显然不同于任何个体。因此,如果共相本身也是实体,那么它就是和一切个体都不同的实体,而且个体实体和共相实体都有各自的现实性。但事物之间的不同取决于它们的现实性。因此,共相就是和个体分离的实体。所以,亚里士多德认为:说共相是实体,就相当于说共相是和个体分离的。②

既然共相本身不是实体,那么共相显然就包含了两个要素,即不在心灵

---

① 译注:这一段的论证可概述如下。被普遍概念述谓的事物存在于被称为共相的东西当中。因此,如果共相存在于心灵中,那么(被普遍概念述谓的)事物也在心灵中。但事物并不在心灵中,所以共相也不在心灵当中。

② 译注:这一段的论证可概述如下。如果共相是实体,那么共相就和个体分离。但共相不和个体分离。因此,共相不是实体。

当中的、被称为共相的东西（例如人和石头），以及心灵当中的普遍概念。就此而言，共相本身只存在于心灵当中。

上述论点可以这么解释。某个东西之所以被称为共相，并不是因为它本身从多个个体当中被抽象出来，作为这些个体的共同拥有的性质而独立存在，也不是因为它通过理智的加工而存在于事物的本性中，否则，它就不能正确地被用来述谓个体了，因为它的存在是和个体分离的，而且我们也就不再需要用主动理智来解释【个体当中的】共相如何被认识，因为主动理智的作用并不在于产生一种从个体或特定质料中抽象出来的真实存在，而是赋予它们一种抽象认识，也就是产生关于它们的抽象认识。因此，说人或石头是共相，只不过是说它们是心灵从个体中抽象出来的普遍认识，而因为这些共相只有在心灵中才能被认识，所以它们并不存在于个体的本性当中。

这一点也可从其他类似例子中看出。我们之所以用"被认识"来述谓某个东西，是因为它被认识，而且我们有关于它的认识。虽然它自身的存在是在灵魂之外，但就我们对它的认识而言，它存在于灵魂中。因此，共相之所以是共相，就是因为它被灵魂认识，从个体当中普遍而抽象地脱离出来。因此，除非在心灵中，否则共相并不存在。阿维若依在《论灵魂注释》中就说到了这点。他认为，共相本身就只是"被认识的东西"。然而，如果共相是被灵魂认识的东西，那么它就完全存在于灵魂当中。因此，德米斯特也说共相是概念。

我们必须注意：虽然对某个个体的本性的抽象认识普遍适用于同种当中的不同个体，但这并不表示存在着某个普遍的东西，它被不同个体共同拥有，进而从这些个体当中被抽象出来。正相反，这个普遍的东西其实只是【被心灵】抽象地理解，进而用来描述这些不同个体的概念。正是因为本性存在于个体当中，所以心灵才能够【以相应的概念来】恰当地认识和述谓那些个体。而因为这种概念是以这种方式被抽象普遍地认识，而非抽象普遍地存在，所以当它们被用来述谓个体时，我们不应该把它们视为属或种这样的概念。①

我们还要注意：在共相被认识之前，它不必然会现实地存在，因为现实存在的共相就是现实存在的可知物。正如主动运动不是被动运动，却是同一个运动，同理，可知物的现实存在也和理智的现实存在是同一个现实存在。不

---

① 译注："人"这个概念来自对苏格拉底和柏拉图等个体的抽象普遍认识，而"种"这个概念则来自对"人"或类似概念的抽象普遍认识。前者以真实个体为认识对象，后者的认识对象则是抽象概念。

过,潜在的可知物先于对它的认识,而这种先于认识的可知物只有潜在的普遍性。由此可知,除非共相是潜在的,否则它在被认识之前不一定是普遍的。

对此,有些人持相反的观点。认识活动在自然顺序上先于被认识的对象,但作为普遍物的共相是推动理智、促成认识得以实现的对象。有鉴于此,这些人认为共相之所以是普遍物,并不是因为它被认识,而是因为在自然顺序上,共相在被认识之前就已经是普遍物,从而导致了心灵对共相的认识。

我对这个看法的回应如下。促成理智和可知物的现实的因素是主动理智和想象力,这二者在自然顺序上都先于理智和可知物的现实存在。主动理智和想象力如何引发认识,这个问题在《论灵魂注释》中曾有解释。我在这里要强调的是:共相在概念和认识活动出现之前并不是共相,至少就该认识活动指的是主动理智的活动而言是如此。原因在于,主动理智的作用是认识那个原本潜在地存在于可能理智当中的事物。因此,共相在形式上的普遍性并不来自导致认识活动的【个体的】本性。事实上,正如之前所说,共相的普遍性是基于概念和概念的现实。因此,作为普遍物,共相完全存在于心灵当中。根据现在这个说法,共相的普遍性既非必然地、也非偶然地来自【个体的】本性,因为被普遍地述谓和认识的本性就在个体当中,并且是偶然地被生成的。

针对反对意见的第一个回应是:"共相是普遍物"这个论点有两种解读方式,它的意思或者是"共相普遍地存在",或者是"共相被普遍地认识"。但第一种解读并不正确。共相不是普遍存在的事物,换言之,它们不以普遍的方式存在于个体的本性当中。否则,它们就不再是灵魂当中的概念了。第二种解读则是正确的,也就是说,共相是被普遍和抽象认识的东西。根据这种解读,共相述谓的不是个体本身,而是被我们认识的个体的本性,不过这个本性本身是在个体而非心灵当中。

针对反对意见的第二个回应是:某物可以通过不存在于该物中的另一物来被指称。因此,一个被认识的事物也可以由不在事物中、而在心灵中的认识来指称。因此,普遍事物也可以用对它的普遍抽象认识来指称,而后者作为共相并不在事物中,而是在心灵中。……

第二章 托马斯·阿奎那

（一）被造物是否总是存在？①

所有的被造物，也就是我们现在所谓的"世界"，似乎并没有开始存在，而是永恒地存在。

【对"世界开始存在"这个论点的】反驳一：任何开始存在的东西在开始存在之前都可能存在，否则，它就不可能开始存在。因此，如果世界开始存在，那么在它开始存在之前，它就可能存在。但可能存在的东西是质料，它拥有借由形式而存在的潜能，也拥有由于缺少形式而不存在的潜能。因此，如果世界开始存在，那么在世界之前就已有质料。可是质料不可能不和形式结合，而世界的质料和形式结合起来就是世界。因此，在世界开始存在之前，世界就已经存在了，但这是不可能的。

反驳二：此外，凡是有能力总是存在的东西都不会有时存在而有时不存在，因为只要这个东西具有这种能力，它就会一直存在。而一切不会毁坏之物都有总是存在的能力，因为这个能力并不限于任何特定的时间段。因此，任何不会毁坏之物都不会有时存在而有时不存在。但任何开始存在之物都是有时存在而有时不存在。因此，任何不会毁坏之物都不会开始存在。但世界当中有许多不会毁坏之物，如天体和所有的理智实体。因此，世界并没有开始存在。

反驳三：此外，任何不被生成之物都不会开始存在。但哲学家在《物理

---

① 选自 Thomas Aquinas. *Summa theologiae* Ⅰ, q. 46, a. 1. In *Opera omnia*, vol. 4-12. Fratres Praedicatores (ed.). Rome: Commissio Leonina, 1888—1906。标题出自原书。编译者参考的英译本是 Thomas Aquinas. *Summa theologiae: prima pars*. William H. Marshner (trans.). Washington: The Catholic University of America Press, 2024。

学》卷一中证明了物质是不被生成的,并在《论天体》卷一中也证明了天体是不被生成的。因此,并不是所有东西都开始存在。

反驳四:此外,真空是没有物体存在、但可能有物体存在的地方。如果世界开始存在,那么在世界这个物体现在存在的地方之前就没有任何物体存在、但可能有物体存在,否则现在的世界就不会在这里了。因此,在世界之前曾有真空存在,但这是不可能的。

反驳五:此外,没有任何东西会开始被推动,除非推动物或可被推动物现在的状态和先前的状态不同。但如果某物现在的状态和先前的状态不同,那么它就已经被推动了。因此,在一切新开始的运动之前,就已经有运动的存在了。因此,总是有某个运动存在着。因此,可被推动物也总是存在,因为运动总是在可被推动物当中。

反驳六:此外,一切推动者或者是基于自然原因(natural)的推动物,或者是基于自身意志(voluntary)的推动物。可是除非某些运动已然事先存在,否则两者无一会开始推动任何东西。这是因为自然总是按照同一方式来运动,所以除非在推动物或可被推动物的自然本性(nature)当中先发生了某些变化,否则自然推动物无法产生任何先前并不存在的运动。至于意志,它可以在不遭受任何变化的情形下中止它决定要做的事。但即使如此,它也至少必须预设某种时间方面的变化。例如,如果某人意愿在明天、而非今天建造房屋,那么他就会盼望明天将有今天并不存在的未来事物。至少,他盼望着今天会过去,而明天会来到。但如果变化不存在,上述情形将是不可能的,因为时间是运动的度量。因此,在所有新运动开始之前,必然已有其他的运动,而这么一来,我们就得出了原本的结论【即"某些运动已然事先存在"】。

反驳七:此外,如果某个东西总是处于起点又总是处于终点,那么它就既不能开始,也不能结束。因为任何处于起点的东西都不会结束,而任何处于终点的东西都不会开始。但时间总是处于起点又处于终点,因为除了"现在"之外,没有任何时间存在,而"现在"就是过去的结束和未来的开始。因此,时间既不能开始存在,也不能停止存在。因此,变动也不能开始和停止存在,因为时间是运动的度量。

反驳八:此外,上帝或者只在本性上先于世界,或者也在时间顺序上先于世界。如果上帝只在本性上先于世界,那么既然祂永恒存在,那么世界也应该永恒存在。但如果上帝也在时间顺序上先于世界,那么既然时间顺序的先后构成了时间,那么在世界存在之前就已经有了时间,但这是不可能的。

反驳九:此外,有了充分的原因,就会产生结果,因为任何不产生结果的原因都是不完满的原因,它需要其他事物才能产生结果。但上帝是世界的充分原因,因为正如前面所说,祂因自己的善而成为世界的目的因,因自己的理智而成为世界的原型因(exemplary cause),也因自己的全能而成为世界的动力因。所以,既然上帝永恒存在,那么世界也永恒存在了。

反驳十:此外,如果一个东西的活动是永恒的,那么这个活动产生的效果也是永恒的。但上帝的活动是自己的永恒实体。所以,世界也是永恒的。

反之,《若望福音》第十七章五节说:"父啊!现在求你使我同你享荣耀,就是未有世界以前,我同你所有的荣耀。"《箴言》第八章二十二节也说:"在天主创造万物之前,就有了我。"

我的解答如下:除了上帝之外,没有任何东西永恒存在。这个论点本身没有任何矛盾,因为《神学大全》第十九题第四节已证明了上帝的意志是万物的原因。因此,某些东西之所以必然存在,是因为上帝意愿它们必然存在,因为正如《形而上学》卷五所说,结果的必然性来自原因的必然性。但《神学大全》第十九题第三节已经指明,在绝对意义下,上帝除了自己之外并不必然意愿其他任何东西。因此,上帝并不必然意愿世界总是存在。我们只能说,天主意愿世界何时存在,世界就何时存在,因为世界的存在依赖于作为自身原因的上帝意志。因此,世界并不必然总是存在。因此,我们无法用任何证明来说明这点。

另外,亚里士多德在《物理学》卷八中对"世界总是存在"的证明并不是绝对的证明,而只是相对的,即只是用来反驳古代哲学家的观点,后者主张世界是按照某些实际上不可能的方式开始存在的。这一点可由以下三方面看出来。第一,《物理学》卷八和《论天体》卷一列举了阿纳撒克拉(Anaxagoras)、恩培多克利(Empedocles)和柏拉图的意见,随后提出了一些反驳的理由。第二,不论亚里士多德在什么地方讨论这个问题,他都是在引述古代哲学家的论据,但这种做法并不是提出证明(demonstration),而只是做出可能合理的劝说(probable persuasion)。第三,在《论题篇》卷一中,亚里士多德表明有些争议性问题是我们无法解决的,而"世界是否永恒存在"就是这样的问题。

对反驳一的回应:在世界存在之前,世界之所以可能存在,并不是由于某种被动能力(即质料),而是由于上帝的主动能力。此外,"世界可能存在"在这里的另一层意思是:某物在绝对意义下是可能的,换言之,它的可能性并不是由于某种能力,而只是因为它的概念并不包含自相矛盾。在这个意义下,"可能"就是"不可能"的相反面。哲学家在《形而上学》卷五中阐释了上述论点。

对反驳二的回应:拥有总是存在的能力的东西一旦拥有这种能力之后,就不可能有时存在、有时不存在。但在它获得这种能力之前,它是不存在的。因此,亚里士多德在《论天体》卷一中提出的这种论证并没有绝对或直接地证明"不会毁坏之物从未开始存在"。正相反,它只表明了它们不是以自然方式开始存在,因为后者是可生成和毁坏之物开始存在的方式。

对反驳三的回应:亚里士多德在《物理学》卷一证明了质料是不被生成的,因为质料并没有它借以存在的基体。在《论天体》卷一中,他也证明了天体是不被生成的,因为它没有生成它的对立之物。由此可见,这两个论证只不过证明了质料和天体(特别是天体)并不如某些哲学家所说的是通过生成才开始存在。但正如《神学大全》第四十五题第二节所说,我们的论点是质料和天体是由于创造而开始存在。

对反驳四的回应:真空不只是无一物存在之处。根据亚里士多德在《物理学》卷四中所说,真空是可以容纳物体、但实际上没有容纳物体的空间。但我们认为,在世界存在之前并没有任何地方或空间。

对反驳五的回应:第一推动物总是处于相同状态,但第一个可被推动之物不是如此,因为它之前并不存在,而是现在才开始存在。正如《神学大全》第四十五题第二节所说,第一个可被推动之物的开始存在并不是借由变化,而是借由创造。由此可见,亚里士多德在《物理学》卷八中所提出的那种论证,旨在反对那些主张可被推动之物是永恒的、但变化不是永恒的人们。这从阿纳撒克拉和恩培多克利的看法就可以看出。但我们的主张是:从可被推动之物开始存在起,运动就总是存在着。

对反驳六的回应:第一动因(agent)是有意志的动因,而虽然第一动因有产生结果的永恒意志,但祂没有因此而产生永恒结果。此外,我们也没有必要预设有变化,即便只是在想象的时间当中的变化。此外,我们还必须区分来自一物而产生另一物的"个别动因"(particular agent)和产生所有结果的"普遍动因"(universal agent)。个别动因来自质料,并产生某个形式,因此这种动因是把形式引入合适的质料当中。因此,我们可以合理地断言:某个特定的动因将形式引入这一质料而非那一质料,因为两个质料并不相同。但同样的说法用于产生质料和形式的上帝时并不合理。合理的说法应该是:上帝产生了与形式和目的匹配的质料。

个别动因除了预设质料之外,也预设了时间的存在。因此,关于个别动因的合理说法是:它在较后的时间行动,而非在较先的时间(这里预设了一种想象的时间序列)。但对于产生事物和时间的普遍动因,我们就不能说它现在行动了,但之前没有行动,仿佛时间能够先于它的行动而存在。我们毋宁要说:上帝按照适于彰显自己全能的方式,给予结果祂所愿意给予的时间。因为"世界并不总是存在"比"世界总是存在"更能够引人认识上帝这创造者的全能,因为并不总是存在的东西显然需要某个使其存在的原因,但总是存在的东西似乎并不需要。

对反驳七的回应:根据《物理学》卷四,时间之所以有先后,是由于运动有先后。因此,时间的开始和结束就如同运动的开始和结束一样。假设运动是永恒的,那么运动的每一片刻就必然是运动的开始和结束。而如果运动有开端,则不必然如此。关于时间中的"现在",结论也是如此。由此可见,说"现在"这一片刻总是某个时间的开始和结束,这一说法已经预设了时间和运动都是永恒的。因此,亚里士多德在《物理学》卷八中用这个论证来反驳那些主张时间永恒、却又否定运动永恒的人。

对反驳八的回应:上帝在时间顺序上先于世界。可是"先"并不意指时间之先,而意指永恒之先。或者应该说,"先"意指想象时间的永恒,而非真实时间的永恒。按同样道理我们也会说"在天空之上一无所有",而"在……之上"指的只是想象的地点,意思是我们给天空的体积通过想象附加上其他的体积。

对反驳九的回应:根据《神学大全》第十九题第四节、第四十一题第二节,结果之来自自然动因,是按照自然动因自己的形式。同样地,结果之来自有意志的动因,也是按照有意志的动因所预先构想和确定的形式。因此,虽然上帝永恒地是这个世界的充足原因,但世界不会不同于祂的意志所构想的样子,也就是在不存在之后拥有存在,以便更好地彰显其创造者。

对反驳十的回应:一旦某个活动发生了,那么它的结果就会按照作为活动之原理的形式的要求而出现。但在有意志的动因这里,活动的原理就是动因预先所构想和确定的事物。因此,上帝的永恒活动会产生的,并不必然是永恒的结果,而是上帝所意愿的那种结果,也就是在不存在之后存在的东西。

(二)"世界开始存在"是不是信仰的信条?[①]

"世界开始存在"似乎不是信仰的信条,而是可以证明的论点。

【对"'世界开始存在'是信仰的信条"的】反驳一:任何被造物在时间中的顺序都有其开端。而我们能证明上帝是世界的动力因,某些较为著名的哲学家们也主张这个看法。因此,"世界开始存在"是可以证明的论点。

反驳二:此外,如果我们承认世界是由上帝所造,那么或者它不是从任何东西当中被创造出来的,或者它是从某些东西当中被创造出来的。但世界不是从某些东西当中被创造出来的,因为这么一来,世界的质料就会先于世界。亚里士多德就提出了相反的论证,他主张天体是不被生成的。因此,我们必须说世界不是从任何东西当中被创造出来的。因此,世界是在不存在之后才存在的。因此,世界的存在是有开端的。

反驳三:此外,任何以知性方式运作的东西,都从某个起点开始运作。手工艺者的情形正是如此。上帝是以知性方式来运作【即创造世界】,因此,祂的运作是从某个起点开始的。因此,作为上帝创造的结果的世界并不总是存在。

反驳四:此外,世上的一些技艺和为人居住的区域显然是在某些固定的时间开始出现的。但如果世界总是存在,那么就不会有这种情形。因此,很显然地,世界并不总是存在。

反驳五:此外,没有任何东西是和上帝相等的。但如果世界总是存在,那么它在时间顺序的方面就会和上帝相等。因此,世界并不总是存在。

反驳六:此外,如果世界总是存在,那么在今天之前就已经经过了无限多个日子。但无限多个日子是不可能经过的,因为若是如此,那么我们将永远无法【从之前的日子开始】到达今天。但这显然是错的。

---

① 选自 Thomas Aquinas. *Summa theologiae* I, q. 46, a. 2. In *Opera omnia*, vol. 4-12. Fratres Praedicatores (ed.). Rome: Commissio Leonina, 1888—1906。标题出自原书。编译者参考的英译本是 Thomas Aquinas. *Summa theologiae: prima pars*. William H. Marshner (trans.). Washington: The Catholic University of America Press, 2024。

反驳七：此外，如果世界是永恒的，那么生成过程也永恒存在了。因此，一个人就被另一人生成，依此类推，至于无限。但根据《物理学》卷二，父是子的动力因。因此，在因果序列当中就有无限多个动力因。但《形而上学》卷二驳斥了这种论点。

反驳八：此外，如果世界和生成总是存在，那么就会有无限多的人。但人的灵魂是不会毁坏的，因此在此刻就存在无限多的人的灵魂。但这是不可能的。因此，世界之开始存在，这一点我们可以明确地知道，而不需要只靠信仰来相信。

反之，信仰的信条不可能用证明来论证，因为信仰涉及的是"未见之事或不明显之事"，正如《希伯来书》第十一章第一节所说。但上帝是世界的创造者，因此连世界开始存在也是信条，因为我们在《尼西亚信经》中就宣称："我信唯一的上帝天主……天地万物……都是祂创造的。"教宗格里高利一世在《以西结书布道》卷一中也说，摩西曾以上帝代言人的身份论及过去的事，"在起初上帝创造了天地"，而这段话讲的就是世界开始存在。因此，世界开始存在，只能借由上帝的启示而为人得知。因此，它无法用论证加以证明。

我解答如下："世界并不总是存在"这个说法只能靠信仰来维系，而不能用证明来论证。在前面《神学大全》第三十二题第一节讨论三位一体的奥秘时，我们也曾提及这一点。主张这一点的理由是：我们无法从世界本身的角度来证明世界开始存在，因为【对某物的】证明的原则或起点在于该物的本质，而每一物的种都是从其"此地此时"（here and now）这种个别因素抽象出来的，所以《后分析篇》卷一才说："普遍概念处处都在，时时都在。"因此，我们无法证明人、天体或石头并不总是存在。

同样地，我们也无法从凭借【上帝的】自身意志的动因的角度来证明上述论点，因为关于上帝的意志，我们的理性所能够探究的东西只限于祂绝对必然意愿之事，而正如《神学大全》第十九题第三节所说，上帝关于被造物所意愿之物，却不包含在其中。

然而上帝的意志可以借着启示（revelation）而显示给人，而信仰就是以上帝的启示为基础的。因此，"世界开始存在"是可信的，却不是可证明或可被理性认识的。尽管如此，对这个问题进行讨论却是有益的，否则将会有人妄想证明信仰，提出没有说服力的理由，而沦为不信者的笑柄，以为信仰者是因为那些理由才相信那些属于信仰的事物。

对反驳一的回应：正如奥古斯丁在《上帝之城》卷十一中所说，主张世界永恒存在的哲学家持两种不同意见。有些哲学家主张世界本身并不来自上帝。这种谬误观点是没有根据的，并且被彻底地反驳了。还有些主张世界永恒存在的哲学家认为世界是上帝创造的："他们不承认世界有时间上的开端，而只承认它有创造上的开端。他们认为世界是以某种难以理解的方式总是被创造着。"奥古斯丁在《上帝之城》卷十中接着说："对这一点，他们提出了一种解释方式……他们说：如果在无尽的永恒中有一只脚站立在尘土当中，那么在它下面总是会出现脚印。没有人会怀疑这个脚印是由某人的踩踏造成的。同样地，世界也总是存在着，就像创造它的造物者一样。"为了明白这一点，我们必须注意到：借着运动而行动的动因必然在时间上先于结果，因为结果只有在行动告终时才存在，而每个动因都是行动的发起者。但如果行动发生在一瞬间，而不是连续的，那么在时间顺序上，原因就不必然先于结果。光照的情形就是如此。因此他们才说：虽然上帝是世界的主动因，但祂不必然在时间顺序上先于世界。因为正如《神学大全》第四十五题第二节所说，产生世界的创造并不是连续的变化。

对反驳二的回应：那些主张世界永恒存在的人也会主张世界是上帝从无中创造出来的，不过这并不是说世界是"在无之后"才被创造（这是我们对"创造"一词的理解），而是说世界"不由它物"创造。正如阿维森纳在《形而上学》卷九中所说，某些【主张世界永恒存在的】哲学家并不反对使用"创造"一词。①

对反驳三的回应：这个反驳是《物理学》卷三所提及的阿纳撒克拉的论证。但这个论证的结论并不必然成立，除非理智是在考虑应该采取什么行动，因为这种考虑和运动相似。但正如《神学大全》第十四题第七节所说，虽然人类的理智是如此，上帝的理智却不然。

对反驳四的回应：那些主张世界永恒存在的人也主张有某些区域曾经无限多次由不能居住之处而变成能居住之处，反之亦然。同样地，他们也主张技艺曾经无限多次因天灾和意外事件而被发现和遗失。因此，亚里士多德在《论气象》卷一中指出，由于局部的变化而主张整个世界有开端，这种看法实属可笑。

---

① 译注：阿奎那的意思是，"世界从无当中被创造出来"既可以和"世界开始存在"相容，也可以和"世界永恒存在"相容，因为"从无当中被创造出来"这句话可以有两种不同的解读。

对反驳五的回应:正如波埃修在《哲学的慰藉》卷五中所说,即使世界总是存在,它也没有在永恒方面变得和上帝相等,因为上帝的存在是没有连续的同时性(simultaneous)的整体,而世界却不是如此。

对反驳六的回应:按照一般的理解,"经过"总是从一点到另一点。因此,给定过去的任何一天,那么从这一天到今天的有限时日都是可以被经过的。但反驳六预设了在假定的两点之间有无限多的日子。

对反驳七的回应:就动力因而言,本质性的原因序列不可能无限延伸下去。例如,对某一结果来说,原因是本然地不可或缺的,如同石头被棍子推动,棍子被手推动,依此类推至无限。但偶然性关系的原因序列的无限延伸并非不可能,例如在这个情况下便是如此:属于单一原因的原因序列当中有无限多个原因,而这些原因在数目上的增加只是偶然的,例如工匠偶然地用许多锤子来工作,因为锤子先后一个一个地损坏了。对某个特定锤子来说,它被用在另一个锤子之后,这一点只是偶然的。同样地,对作为生成者的某个特定个人来说,他被另一人生成,这一点也是偶然的,因为他之作为生成者是以人的身份,而不是以另一人之子的身份,因为就动力因而言,所有生成的人都属于同一序列,即个别生成者的序列。因此,人被人生成,这一点在无限序列当中并非不可能。但如果这个人的生成依赖于那个人,以及元素和太阳等因素,依此类推至无限,那么这个情形是不可能的。

对反驳八的回应:主张世界永恒存在的人试图用各种方法来规避这个反驳。有人认为可能有实际无限多的灵魂,例如,加扎里(Al-Ghazali)在《形而上学》卷二中就指出这种情形是偶然的无限存在。但我们在《神学大全》第七题第四节中已对此予以驳斥了。还有人主张灵魂会随着肉身一同毁坏。还有人主张一切的灵魂最终只会留下一个。此外,正如奥古斯丁在《布道集》中所说,还有人主张灵魂轮回,也就是说,那些和肉身分离的灵魂,在经过固定时间之后,又回到肉身当中。我们之后将另行讨论上述论点。现在要注意的是,反驳八的论证有其局限和针对性,因此,我们大可以说世界永恒存在,因为至少某些被造物(如天使)永恒存在,尽管人并不永恒存在。但我们最初要探讨的是一个一般性的问题,即是否有任何被造物永恒存在。

第三章　根特的亨利

（一）被造物是否不可能永恒存在？[①]

【1】针对这个问题,有些哲学家们认为被造物可能永恒存在,而且被造物的本性并不和永恒存在相冲突。他们还认为,即使被造物没有从自身获得现实存在,但如果从其创造者的角度来考察这个问题,我们就会发现被造物不可能不存在,意思是说它们无法开始存在,也无法停止存在。阿维森纳在他的《形而上学》中这样说:在某些情况下,"原因是它所导致(caused)的东西存在的原因,尽管被导致的东西之前并不存在"。当原因不是通过自身的本质而是通过和被它导致的东西的某种确定关系(这种关系的原因是运动)而成为被导致的东西的原因时,就会出现这种情况。因此,正如阿维森纳所说,当某物通过自身本质而成为另一物存在的原因时,那么只要前者存在,它就永远是后者的原因,因此它绝对地杜绝了后者的不存在。这种情形就是先哲们所说的创造。

因此,那些哲学家们声称:上帝之所以是被造物,并不是由于祂的意志决断,而是由于祂本性的必然性使然。安布罗斯在《创世论》卷一中这样说:"一些外邦人坚持认为世界和上帝一样永恒存在,就像神圣力量的一个小影子。"虽然他们承认上帝是世界的原因,但他们声称这不是由于祂的意志和决断,而是仿佛身体之于阴影、光之于光辉一样。

因此,根据奥古斯丁在《约翰福音注释》第三十六篇中布道的另一个例

[①] 选自 Henry of Ghent. *Quodlibet* I, q. 7–8. In *Opera omnia*, vol. 5. Raymond Macken (ed.). Leuven: Leuven University Press, 1979。标题出自原书。编译者参考的英译本是 Richard N. Bosley and Martin M. Tweedale (eds.). *Basic Issues in Medieval Philosophy*, Ontario: Broadview Press, 2006。

子,如果光来自永恒,那么光辉也将来自永恒①:"假设有一张脸位于水面上,那么,它难道不是和它的影像一起位于那里吗?一旦它开始存在在那里,影像就和它同时开始存在。它并不是先于影像而存在,而是和影像一起存在在那里,尽管影像是由它产生的,而不是它来自于影像。因此,它们是共时的。如果脸总是在那里,那么脸的影像也是如此。"

【1.1】哲学家们的这种立场显然是异端邪说,因为他们认为上帝无法不创造被造物,也不能让被造物在开始存在之后不再存在。这种观点意味着,从时间的角度来看,被造物不可能在存在之前暂时地拥有非存在(*non-esse*, non-being)②,也不可能在存在之后接着不存在。因此,虽然这些哲学家说上帝通过意志来创造世界并保存其存在,但他们的意思并不是说这个意志是上帝可做某事、也可不做某事的自由意志,而是祂恒久不变的意志,且这种意志和祂本性的必然性相吻合。但我们的信仰明确认为,上帝是根据祂的自由意志来使被造物在某个时候开始存在并且永远持续存在,而且也是由于祂的自由意志在永恒当中所做的决断,被造物才有可能永远不存在,并且在被创造出来之后,还能够接着不存在。……

【2】但最初的问题又该如何解释呢?被造物是否不可能永恒存在,以至于连上帝都无法永恒地制造(*facere*, make)它?如果被造物可能永恒存在,而且上帝可以永恒地制造任何可被制造之物,那么祂就可以永恒地制造被造物。

主张上述看法的哲学家们声称世界永恒存在,并且它不但能够永恒存在,而且还由于上帝才永恒地拥有存在③。因此,这些哲学家也会主张被造物是被上帝永恒地制造的,而且上帝并没有赋予它持续存在的时间以任何开端,因此在某种难以理解的意义下,这些哲学家会主张世界虽然由上帝制造,但这种制造没有开端。

【2.1】奥古斯丁在《论上帝之城》卷十中举了以下这个例子来阐释这种

---

① 译注:这不是奥古斯丁自己的看法,而是他对其他哲学家看法的转述。

② 译注:"被造物拥有非存在"(*habere non-esse*, have non-being)的意思是,"非存在"是构成一切被造物的形而上原理或必要条件之一。要注意,"非存在"在这里作名词,和"不存在"这个动词不同。此外,"非存在"并不是不存在之物(*non-ens*, non-existent being),前者(根据亨利的看法)是一切被造物的必要条件,后者只是被造物当中的一类。

③ 译注:"a 由于 b 才拥有存在"是经常出现在亨利文中的固定用语,意思是,存在是 a 的形而上必要条件,且来自另一物 b。

观点:"如果在无尽的永恒中有一只脚站立在尘土当中,那么在它下面总是会出现脚印。没有人会怀疑这个脚印是由某人的踩踏造成的。"①诚然,没有人会怀疑脚印来自脚,但人们大可以不怀疑脚印来自脚,而怀疑脚印开始存在,因为尘土中的脚印只有在尘土的一部分被脚踩踏时才会出现,而踩踏必然是某种有限的运动或变化,在这之前脚并没有站立在尘土中,而且尘土是平整的。脚印是在变化之后才开始存在,由于原本平整的尘土遭受踩踏才被产生。只要脚永远站立在尘土中,尘土就永远保留了脚印。因此,脚印只有在脚临现于尘土时才能被保存。同样地,若印戒没有临现在水面上,那么印戒的形状也无法被保存在那里。

【2.2】在说明世界永恒地被上帝制造时,上述哲学家们提出了一个更好的类比:如果太阳永恒存在,那么它必定会产生一束永恒存在的阳光,就好比物体投下阴影或脸孔产生影像一样。既然太阳产生光是由于其本性的必然性,那么只要太阳永恒存在,它就当然会永恒地制造出阳光这独立存在的东西。

因此,如果上帝以这种方式产生(producere,produce)被造世界,我们就必须承认祂永恒地产生了它,这就好比阳光必然会存在,并且能够像太阳本身一样永恒存在,只不过太阳本身并不是通过因果关系而由于阳光才拥有自己的存在,而是相反,阳光由于太阳才拥有存在。此外,正如太阳从上帝那里拥有的永远不会是"开始存在"(coming-into-being),而是被固定的"现成存在"(made-being),同样地,阳光也是如此,只不过阳光会从太阳那里拥有它的现成存在。因此,依赖上帝的被造物的存在无非就在于被造物持续不断地被保存在自身的现成存在中,并且在此之前从未开始存在,就好比依赖太阳的阳光的存在无非就在于它持续不断地被保存在自身的现成存在中,并且在此之前从未开始存在。或者也可以说,被造物的存在就是它持续不断地开始存在,以至于它的开始存在和现成存在将同时且永恒地成立。有些人认为阳光也是如此:它只有在持续不断地开始存在时,才是存在着的。

【3】现在回到原本的问题。我们应该认识到,所有的哲学家和信仰者都认为:一切被造物,就它们是被造物而言,只有一个它们共同分有的存在,因此它们的存在不来自自身,而来自另一物,这个另一物出于自己的本质而拥有自己的存在。

---

① 译注:这段话是奥古斯丁对所谓"柏拉图主义者"的评论,而不是奥古斯丁自己的看法。

【4】但关于被造物的非存在,人们却主张两种不同的观点:第一种是某些哲学家的观点,他们认为被造物是通过以下方式才由于另一物而拥有存在:被造物不是由于自己、也不是由于自己本质的本性才拥有非存在(不论是真实的本性还是观念当中的本性①)。这意味着上帝产生被造物就像圣父产生圣子一样,只不过圣子的存在和圣父的存在是在相同实体当中,而被造物的存在和上帝的存在则在不同实体中。

【4.1】但这种观点是荒谬的,因为除了那个凭着自身本质(而非通过分有其他东西)而存在的实体之外,没有任何实体会必然和非存在不同,因为只有这个本身就是存在的东西②才和非存在有着绝对的不同。

【5】因此,还有另一种观点认为:既然被造物是由于另一物才拥有存在,那么被造物的存在方式就在于它拥有非存在,非存在是它的本性。关于这一点,哲学家和信仰者也有不同的看法,因为"本身拥有非存在"这句话可以用两种方式来理解。按第一种方式,它只涉及被造物如何被心灵认识,因此这句话的意思是:被造物的本质先被认识为非存在,然后才被认识为存在。而按第二种方式,"本身拥有非存在"的意思则是:从真实的时间顺序来看,被造物的本质先是某种不存在之物,然后才从另一物那里获得(accipiat,accept)存在。

【6】某些哲学家按照第一种方式来理解"本身拥有非存在",进而声称:被造物在存在之前拥有非存在,但这并不是就它本身而言的,而是说只有在心灵当中,被造物的非存在才能够先于其存在。阿维森纳就按这种方式把"创造"定义为"某物在非存在之后由于另一物而拥有存在"。他在他的《形而上学》卷六中指出:"智者认为'创造'意指在绝对的不存在之后给予(dare,give)存在。某个被产生的【被造物】本身就好比不存在之物,而'被造物存在'这回事只有在被造物关联到它的原因时才属于被造物。但某物在其观念中拥有的东西,在本质上先于它从他物那里获得的东西。因此,每一个被造物都先是非存在物,然后才是存在物。"

【7】另外,信仰者按照第二种方式声称:被造物在拥有存在之前先拥有非存在。其意思是:被造物本身(而不仅仅是被心灵认识的被造物)可能在拥有

---

① 译注:换言之,不论是事物固有的本性,还是理智对事物本性的认识。
② 译注:"那个凭着自身本质而存在的实体",即后面所说的"本身就是存在的东西",指的就是出于本性而必然地存在的东西,也就是上帝。

存在之前先拥有非存在。我们应该按照这种方式来理解被造物的本性和上帝的生产（production）。这里所谓的生产并不是基于上帝本质的必然性，而是通过祂的自由意志。我们还应该进一步从这个角度来理解最初的问题，即被造物是否不可能永恒存在，上帝是否无法永恒地产生被造物。

【8】此外，还有人认为虽然被造物可能永恒存在，但上帝出于自己的旨意而在时间中产生被造物，而我们不应追问上帝造物的旨意，因为正如奥古斯丁所说，这么做其实是在为没有原因的东西寻找原因。这些人还宣称，我们只能从信仰的角度来主张被造物并非一直存在，因为这种观点无法被理性证明，因为被造物的本质是从时间进程中抽象出来的。

【9】【但我认为，】从哲学家们关于被造物本质及其来自上帝的角度来看，我们固然不可能证明被造物开始存在，而且圣徒的文本也同意这一点，但如果从基督教信仰关于被造物本质及其来自上帝的角度来看，辅以某些正确而合理的前提，那么"被造物开始存在"当然是可能的。接下来就要证明这一点。

【9.1】哲学家们的论点【即"我们不可能证明被造物开始存在"】是无效的，因为即使一个东西的本质在绝对意义下是从此时此地抽象出来的，它的现实存在或作为创造结果的存在也并不总是从此时此地抽象出来。因此，即使月食的本质是从此时此地抽象出来的，以至于在这种绝对意义下它的本质无法被证明，它的现实存在也仍然没有从此时此地抽象出来，因此我们确实可以证明它此时此地存在。因此，即使被造物的本质及其蕴含的存在不能被证明，我们也仍然能证明它的现实存在对它而言是全新的①，只要我们能证明以下这点：仅当被造世界的非存在在时间顺序上先于其存在，被造世界才能作为创造的结果而拥有存在。这么一来，我们就证明了它开始存在。……

【9.2】我们还可以用以下方式来证明上述论点必然为真：被造物本身就是不存在之物（non-ens, non-existent being），它既不是从形式上也不是通过因果关系来拥有基于自身本质的存在。这种被造物由于他物而拥有存在时，不同于圣子由于圣父而拥有存在，也不同于阳光由于太阳而拥有存在，而毋宁是通过以下这种方式，即上帝不仅是被造物的现成存在的原因，而且还使它从非存在当中开始存在，而这正是我们所谓的"创造"。因为如果上帝只赋予

---

① 译注："全新"的意思是"并不永恒存在"。

(*dare*, give)被造物以现成存在,却没有在任何其他意义下制造它,那么在"上帝赋予被造物以存在"和"圣父赋予圣子以存在"两种情形之间,除了被造物和上帝的实体不同而圣子和圣父的实体相同之外,就没有任何差别了。如果说从不存在的状态来制造事物的一切变化都是一种转变,而自然转变是通过预先存在的实体的转变,那么创造(尽管它不是真正的自然转变,因为创造是从非存在走向存在)也可以被视为一种转变,而不是运动(*motus*, motion)。我们可以把创造比拟为自然生成,因为后者也赋予事物以存在,不过两者唯一的区别仅在于此:生成是通过质料,而创造则不通过任何东西。

基于上述理由,阿维森纳在《形而上学》卷六中指出:"某些东西必定来自非质料的原因,而其他东西则来自某些中介性的东西。因此,我们应该把一切不来自先在质料的东西称为被造物,而不是被生成物。"现在,一切突然发生的转变都发生在一段不可分割、而非前后相续的时间过程中,因为这个转变在存在之前和之后都缺少连续性和持续性。因此,事物借以获得(*acquirere*, acquire)存在的创造不可能来自永恒。此外,事物借以获得存在的活动必然先于它借以被保存的活动,因为保存的作用在于把该物的存在延续到下一刻。因此,尽管某个东西在存在之后可以被保存,以至于只要保存不中断,它就不会停止存在,但由于这个东西借以获得存在的创造的简单性①之故,因此从先后顺序的角度来看,只有当它在不存在之后开始存在时,它才能存在。

【10】综上,我们可以清楚地看到某些人的看法有多么愚蠢。他们宣称上帝通过同样的行动创造和保存事物,就像太阳通过同样的行动在介质中产生和保存阳光一样。

【10.1】如果太阳本身就存在,非存在在任何方面都不属于其本性,而从它发出的阳光本身是在非存在之后才开始存在,那么即使阳光的保存是一个开始存在的连续过程,仍然必须先有某个开始存在的时刻,否则它根本无法获得存在。因此,如果他们假设太阳永恒存在而非本身并不存在,他们就必须同时假设阳光也以同样方式永恒存在,而且除了在心灵内(或许在心灵内也不会如此)之外,并不会在不存在之后拥有存在。否则,他们就必须承认太阳并不是出于它本性的任何必然性才产生阳光,而是出于其自由意志。

---

① 译注:"创造的简单性"指的是存在是缺少连续性和持续性的转变。

【10.2】上述看法的另一个严重问题是:虽然被造物是实体性的持久存在物,但它总是处于开始存在的连续过程中,尽管它只能在其原因临在的情况下持续存在。在自然物的生成过程中,个别动因只是事物开始存在的原因(因为它本身并不包含整个种的限定内容),因此它通过它的种导致了某种和自己在质料方面相似的某个东西,而一旦后者被产生,整个生成过程也就停止了,因此个别动因不会进而保存被产生物的存在。但同时,我们也在自然物的生成过程中发现有普遍动因,它本身就包含了整个种的内容。例如,就生成和保存的区别来看,天体或它的推动者本身直接产生了某物,并且之后一直保存着其存在,但它的生成仍然和保存不同。而既然生成过程是如此,那么同样的情形也应该适用于创造。……

综上,我们应该坚决主张:既然被造物作为被造物本身是被上帝自由地从无制造出来的,它就绝不可能永恒存在,否则这将导致自相矛盾,因为没有开端之物并不会从他物那里获得源自非存在的存在,但是被造物是从上帝那里获得源自非存在的存在。

【11】或许有人会说:被造物本身的定义并没有包含"获得存在",没有包含"在拥有存在之前,必须在时间上先拥有非存在"的意思(尽管在我看来这一点已经被充分证明了)。正相反,被造物本身的定义应该包含的是它"可能获得存在"。因此,正如某个永恒地被预定即将存在的东西可能永恒地不被预定即将存在,也可能永恒地被预定不即将存在,同样地,即使世界由于上帝而永恒地拥有存在,因而并没有【从上帝那里】获得存在,但因为世界并不是由于上帝本性的必然性或祂的不变意志才永恒地拥有存在,所以"世界由于上帝而永恒地拥有存在"的情形也可能不成立,因此世界也就可能从上帝那里获得存在。而这正是我们的信仰所说的。

【11.1】但亚里士多德持相反的论点。他认为,只要某物存在,它就必然存在,所以在它存在的时候,它没有不存在的潜能。这不论就该物本身,还是就动力因的角度来说都是如此,因为它不具备相关的潜能,否则的话,互相矛盾的东西就会同时存在。同样地,曾经存在的东西,在它曾经存在的时候必然地曾经存在,而即将存在的东西,在它即将存在的时候必然地即将存在。因此,在以上两种情形下,在给定某个现实时,与之相反的潜能都不可能存在。如果的确有相反的潜能,那么它其实可以在其他时间阻止那个现实的潜能,因为那个现实是偶然的。在这个意义下,虽然【现在】存在的东西在它存

在的时候必然地存在,但这并不是绝对必然的,因为在先前的时间里还有一个可以阻止那个东西在它【现在】存在的时候实现的潜能。同样地,曾经存在的东西,在它曾经存在的时候必然地存在,但这并不是绝对必然的,因为在先前的时间里还有一个可以阻止那个东西在它曾经存在的时候实现的潜能。同样地,即将存在的东西,在它即将存在的时候必然地即将存在,但这并不是绝对必然的,因为在先前的时间里还有一个可以阻止那个东西在它即将存在的时候实现的潜能。

由此可知,如果某物在某个时间存在,并且在此之前从来没有任何潜能可以阻止它存在,那么该物就是绝对必然存在的,因为不论就该物本身或是就其动力因而言,都没有使其在当时不存在的任何潜能。但如果某物永恒存在,那么在过去,不论就它本身或是就其动力因而言,都永远不会有任何在该物之先、并能够在那个时间点阻止它存在的潜能。因此,"它总是已经存在"就是绝对必然的。因此,如果世界上的被造物由于上帝而总是已经拥有存在,并且永恒地拥有存在,那么"它总是已经拥有存在并且永恒地拥有存在"这一点就是绝对必然的。但如果是这样,那么不论就上帝还是被造物而言,能够使得被造物在某个时候不存在的潜能就是永恒地不存在的。基于以上前提,如果我们假设世界上的被造物是由于上帝而永恒地拥有存在,那么它们不但从未在某个时刻从上帝那里获得存在,而且它们也绝不可能在某个时刻从上帝那里获得存在。然而这是绝对错误和不可能的,因为我们的信仰持相反的观点。我们认为世界是从某个时间点起被上帝赋予了崭新的存在。

因此,以下这个论点不仅完全错误,而且是根本不可能成立的:世界由于上帝而永恒地拥有存在,以至于它永远没有从上帝那里获得存在,尽管它可能获得存在。正相反,或者世界【在某个时刻】开始从上帝那里获得存在,而后上帝保存了世界,以至于(如前述)它完全不能以任何不同方式由于祂而拥有存在;或者——假设世界拥有来自上帝的永恒的不被获得的存在——世界不可能不由于上帝而拥有存在,以至于它永远不可能开始从上帝那里获得存在,也根本不可能陷入不存在。前面的最后一个论证就证明了这点。

【12】综上所述,哲学家们对世界永恒存在的看法无非就是:世上的被造物从来不曾获得存在,因为正如他们所说,除了在心灵当中,被造物本身并不拥有非存在。因此,尽管它是由于上帝这个第一因才拥有存在,但它以前总

是而且以后也总是由于祂而永恒地拥有存在。此外,这些哲学家们还认为"世上的被造物可能在未来某个时刻即将不存在"和"世上的被造物可能在之前某个时刻曾经不存在"这两种情况都是同样不可能的。于是,他们便主张以下原则:即使造物者遗弃了被造物(当然这并不可能),被造物也不会由于自己的本性和本质而拥有非存在。因此,它本身并没有不存在的可能性。相反地,就它本身而言,它不可能不存在。

此外,不可能存在之物不具备任何使其现实存在、从而使其重新作为可能存物的潜能。根据这条原则,这些哲学家们便主张:没有任何动因可以使世上的被造物不存在或不曾存在。他们进而宣称:世界是由于上帝而永恒地拥有存在,但从来不曾被祂制造。这里的"制造"指的不是广义的、阿维森纳所理解的创造,而是基督教信仰所说的创造,即创造出由崭新事物组成的世界。因此,这些哲学家便以这种方式来解释世界如何来自上帝:上帝无法不赋予世界以存在。也无法从它那里夺走存在。因为在他们看来,世界之所以来自上帝,仅仅是由于上帝本性的必然性或受其必然性所约束的意志,而不是由于祂的自由意志能够赋予、也能够不赋予世界以存在。……

【12.1】但根据我们信仰的真理,世上的被造物是在时间当中从上帝那里获得存在,而且没有任何被造物是凭自己的本性而本身就拥有存在,而是唯有从上帝那里才能获得存在。上面的第一个论证已经证明了这点。因此,为了反驳那些哲学家们的基本前提,我们必须强调:每一个被造物,就它是被造物而言,都由于它自己的本性,在绝对意义下而不现实存在,除非它从其他东西那里获得存在。因为如果我们说被造物的存在来自它自己的本性,那么我们就不得不承认哲学家们所推出的关于世界永恒不灭的所有其他论点。而一旦我们否认了这个基本前提,我们就可以说世界从上帝那里获得了自己的存在,而不是永恒存在。事实上,如前所述,如果世界由于上帝而永恒存在,它就不会、也不可能从上帝那里获得存在,反之亦然。因此我们可以、也必须宣称:世界并没有因为上帝的本性或旨意而必然地来自上帝。

【12.2】综上可知,上面提到的对我们立场的反驳,即假设世界由于上帝而永恒地拥有存在,那么我们仍然可以说世界可能不由于上帝而永恒地拥有存在,而且上帝可以永恒地赋予世界以被获得的存在,因为我们所谓的"被造物"指的并不是已经从上帝那里获得存在的东西,而是可能从上帝那里获得存在的东西,而且即使它由于上帝而永恒地拥有不被获得的存在,它也仍然

可能获得存在——这些论点是完全错误的,因为正如前述,它们彼此完全不相容。

【13】哲学家们还提出一个基于预定的类比:正如永恒地被预定即将存在的东西可能永恒地不被预定即将存在,也可能永恒地被预定不即将存在,同样地,即使我们假设被造物由于上帝而永恒地拥有存在,这个假设也可以和"被造物可能由于上帝而永恒地不拥有存在,因而可能永恒地在某一时刻从祂那里获得存在"的假设相容。

【13.1】对于这一点,我们必须强调这种类比并不成立,因为"由于上帝而拥有存在"并不像"被上帝预定"一样指的是某个和特定时间顺序相关的东西("预定"一词当中的"预"就表明了这点)。只有被预定的东西的存在才会后于预定本身,因为只有在某个确定的时刻下开始存在的东西才是被预定的。因此,既然它不必然在那一刻开始存在,而且它被预定了在那一刻开始存在,那么它在那一刻当然也可以不开始存在。

【13.2】再者,现实中可能不即将存在的东西,可以被上帝预定不即将存在,或不被上帝预定即将存在,因为即使预定是永恒的,它也仍然总是相应于被预定之物的状态。这是因为"被预定即将存在"指的是在某个确定时间里属于上帝活动的某物,而在这个时间里该物可以以它本来不是的方式来存在。然而,"由于上帝而拥有存在"则是指某种属于上帝的活动,但它和某个确定的时间无关,而"由于上帝而永恒地拥有存在"则指一种完全延伸到每个时刻和每个有限时间段的活动,所以在任何特定时间当中,它都不可能不同于它的实际情况。相反地,就它存在的无限永恒性而言,它不可能不以它本来所是的样子来存在。上面已经清楚地证明了这一点。由此可见,永恒地被预定即将存在的东西,可以不被预定即将存在,也可以被预定不即将存在。但由于上帝而永恒地拥有存在的东西不可能由于祂而永恒地拥有非存在,也不可能从祂那里获得存在。这一点正如哲学家正确而扼要地所说的:"在总是存在的永恒事物那里,存在和可能性没有区别。"

第四章　奥康的威廉

（一）世界是否可能因为上帝的全能而永恒存在？①

【1】我认为"是"和"否"这两个论点的任何一个都可以成立，而且任何一个都不能被充分地反驳。但由于世界的永恒存在似乎并不包含明显的矛盾（不过稍后我会指出根特的亨利持相反看法），所以我将先提出一些关于世界不可能永恒存在的证明。

【1.1】第一个证明：【如果世界永恒存在，那么到现在为止就会】在实际上经过无限多的日子，因为【到现在为止】太阳的公转已经实际发生了无限多次②，在这种情况下不会有第一次公转，而是在任何一次公转之前都还会有另一次公转，依此类推至无限。因此，既然这些公转在过去都已实际经过了，所以在过去就已实际发生了无限多次的公转。③

【1.2】第二个证明：【如果世界永恒存在，那么就会】有实际的无限，因为如果已经发生了无限多次太阳的公转，而且如果我们假设在每一次公转中（也就是每一天中）上帝都创造一个人（因为根据哲学家和注释家的观点，没有第一个人），也就是说，祂每天都创造一个知性灵魂——那么在这种情形下，就会有实际无限多个灵魂，因为人的毁坏不会导致灵魂的毁坏。因此，上帝之外的某个东西的完满性就是实际无限的，因为灵魂的整体就是如此，但这似乎是荒谬的。

---

① 选自 William of Ockham. *Quaestiones variae*, q. 3. In *Opera theologica*, vol. 8. G. I. Etzkorn, F. E, Kelley and J. C. Wey (eds.). St. Bonaventure：The Franciscan Institute，1984。标题出自原书。编译者参考的英译本是 Richard N. Bosley and Martin M. Tweedale (eds.). *Basic Issues in Medieval Philosophy*, Ontario：Broadview Press，2006。

② 译注：根据中世纪天文学的地心说，太阳绕地球公转，每次公转历时约一天。

③ 译注：这是归谬论证，它预设了实际无限是不可能的。

【1.3】第三个证明:【如果世界永恒存在,那么】实际上就会经过无限长的时间,因为(根据你的说法)过去已经实际经过了无限多次太阳的公转。但由于月球公转的次数大于太阳公转的次数,所以月球公转的无限次数就会超过太阳公转的无限次数。但被超过的数不可能是无限的。因此,【太阳公转的】无限次数并不是无限的,因为它被【月球公转的无限次数】超过了。

【1.4】再者,考虑今天发生的太阳的公转。有没有哪一次公转是距离今天的公转无限远的?① 如果没有,那么即使所有的公转加起来,【其总和】也不会距离今天的公转无限远。②

对上述论点的证明是:在持久物这里,当其中一个的有限存在时间和另一个的有限存在时间相加时,产生的仍然只是有限长的时间,而非无限长的时间。同样地,在延续物【例如日子】这里,当其中一个的有限公转和另一个的有限公转相加时,产生的仍然只是有限长、而不是无限长的时间。但如果有某次公转【在时间上】距离今天的公转无限远,那么我要问:紧跟它之后的那个公转是否也距离今天的公转无限远? 如果不是,那么在它之前的那个公转和今天的距离就是无限远的,而这意味着这两次公转之间的距离只是有限的。但如果它距离今天的公转无限远,那么根据同样的思路,在这之后的第二次公转距离今天也是无限远的,而此后的【第三次】公转也是如此,依此类推,直到昨天的公转为止。但这么一来,昨天的公转距离今天的公转就是无限远的,而这显然不正确,因为偶然序列的事物和本质序列的事物的存在方式是相同的。

【1.5】再者,【如果世界永恒存在,那么】整体的一部分将大于整体。首先假设 a 为到今天开始为止的过去时间的整体,b 为从今天开始起的未来时间的整体,c 为到今天结束为止的过去时间的整体,而 d 则是从今天结束起的未来时间的整体。我将证明:如果 a 和 b 相等(因为到今天开始为止的过去时间的整体和从今天开始起的未来时间的整体相等),那么 a 就大于 c。根据假设,前件【即"a 和 b 相等"】为真,因为 a 和 b 都是无限大。同时,根据假设,a 等于 b,并且 b 大于 d,因为从今天开始起的未来时间的整体大于从今天

---

① 译注:这里指的是时间而非空间距离上的无限远,因为太阳每一次公转就相当于一天。换言之,【1.4】在问的是:有没有哪一天是距离今天无限远的?

② 译注:【1.4】预设了实际无限是不可能的,例如在自然数序列中不可能存在最大值。

结束起的未来时间的整体。因此,和 b 相等的 a 就大于 d,因为如果两个相等物之中的一个大于第三个东西,那么另一个相等物也将大于那个东西。另外,d 等于 c,因为从今天结束以后的未来时间的整体等于到今天结束为止的过去时间的整体。因此,既然 a 大于 d,那么 a 也会大于 c,因为它大于某个和 c 相等的东西。但 a 是 c 的一部分,因为到今天开始为止的过去时间的整体是到今天结束为止的过去时间的整体的一部分。因此,整体的部分大于整体,但这是荒谬的。

【1.6】此外,今天之后的太阳公转次数和今天之前的太阳公转次数一样多。这当然是哲学家的意思。但未来的所有公转不可能作为一个整体而全部发生,因为它们是无限的。因此,今天之前的所有公转也不可能实际发生,因为它们是无限的。因此,就它们全部都已实际发生的事实来看,它们是实际有限的。

【1.7】"世界永恒存在"的说法还是自相矛盾的,对此的证明是:如果一个东西本身根据自己的本性是不存在之物,以至于它不论就形式还是因果关系而言都不是存在物,那么不但它的被产生来自其他事物(就好像阳光从永恒存在的太阳那里得到存在一样),而且它的开始存在也来自其他事物,因为对立面的一端不可能不经过转变就过渡成为另一端。当我们从信仰者的立场谈论创造时,作为被造物的世界就是这样的情形,即当一个被造物由上帝以这种方式产生时,它的非存在在现实上(而不仅仅是哲学家所说的在本性上或在思维中)先于它的存在,否则被造物就不会真正从无当中被创造出来(这正是和信仰背道而驰的)。因此,不仅被造物的被产生来自上帝(就像圣子由圣父产生一样),而且它的开始存在也如此。然而,从时间顺序的角度来看,创造的过程是无法分割的,而且不论就过去还是未来来看,创造都没有涉及时间上的前后相续,因为它是一种瞬时发生的简单变化。因此,创造不可能永恒存在,因为在那种情况下,创造就涉及了过去时间上的时间顺序,但事实上这并非如此。因此,这里就出现了自相矛盾的情形:如果被造物永恒存在,它就不可能在不存在之后获得存在,而是总是拥有制造的存在。但就被造物是被造物而言,它当然是在不存在之后获得存在。因此,说被造物永恒存在是自相矛盾的。

对上述论点的证明是:当某物凭借自身本性而属于某个东西时,那么该物的对立面不可能同时属于那个东西,否则矛盾将同时成立。但根据所有圣徒和哲学家的看法,一个被造物本身就是非存在。因此,在这个基础上它不可能拥有存在。因此,它必须在其他基础上拥有存在。

【1.7.1】或许会有人说:被造物的定义"在不存在之后存在"指的并不是"非存在在时间上先于存在",而是因为上帝可以永恒地创造被造物,也可以不永恒地创造被造物,所以被造物的非存在并没有在时间上必然地先于它的存在,除非是就它的本性而言,或是在思维中。

【1.7.1.1】对此的反驳:根据哲学家的观点,任何东西在它存在的时候都必然存在,因为不论是对这个东西本身还是其动力因而言,在它存在的时候,它都没有不存在的潜能,否则彼此矛盾的两个情形就可能同时成立。同样地,曾经存在的东西,在它曾经存在的那个时候,也必然地曾经存在,而即将存在的东西,在它即将存在的那个时候,也必然地即将存在。在以上这些例子中,当给定某个现实时,相反的潜能都不可能在同一时刻存在。如果确实有相反的潜能,那么它只会出现在比现实更早的时刻,用以阻止现实的存在。因此,"任何东西在它存在的时候都必然存在"这个原则并不是必然为真的。但如果世界永恒存在,那么在它存在之前就永远不会有某种阻止它存在的潜能。因此,如果世界永恒存在,那么它就是绝对必然地、而非偶然地永恒存在。

【1.7.1.2】此外,如果【被造物的】非存在由于其本性之故而先于存在,那么,在那个先于存在的状态中的被造物究竟是不存在还是存在呢?如果是前者,那么不存在就在现实上先于存在。如果是后者,那么被造物在存在之前就已经存在了。

【1.7.1.3】此外,凭借本性而属于某物的东西也在现实上属于该物。归纳法清楚地证实了这一点。因此,如果非存在凭借本性而属于被造物,那么它也在现实上属于被造物。但非存在不可能在被造物存在时属于它,所以非存在必定是在被造物存在之前属于它。

【2】我认为以上所述是更强有力的证明,可以表明被造物不可能永恒存在。但尽管如此,"被造物永恒存在"这回事似乎没有包含任何明显的矛盾,而且它似乎和上帝或被造物之间也都没有任何明显不相容之处。

【2.1】或许你会说:当我们在信仰者所理解的意义下谈论创造时就会出现不相容的情形,因为在这个意义下,被造物的不存在确实在时间上先于自己的存在,而如果它永恒存在,那么它的不存在就不会真正先于存在。

【2.1.1】但我认为,当我们在这个意义下谈论创造时,去追问"在不存在之后必然被产生的东西,是否能够在不存在的情况下被产生"是毫无意义的,【因为】这个情形显然涉及了矛盾。但我们这里的问题是:如果一个东西被产生时,它的不存在在时间上(正如信仰者们通过信仰所声称的那样)先于它的存在,那么当它被产生时,它的不存在是否有可能不先于它的存在?在这个意义下,不论是针对上帝还是被造物,似乎都不存在任何明显的矛盾,尽管对这一点的反驳并不容易解决,也难以使听者都感到满意。因此我认为,如果上帝可以创造任何不包含矛盾的东西,那么祂也能够永恒地创造世界。

【3】对上述【针对"世界永恒存在"的】反驳的回应:

【3.1】对第一个反驳【1.1】的回应:按照我采取的进路,我们应该承认已实际发生了无限多次太阳的公转,正如第一个反驳所指出的那样。这个结论不应该被视为和前提相悖的荒谬结论,而反倒是从前提推导出来的。

【3.2】对第二个反驳【1.2】的回应:我承认可能存在实际无限多的灵魂,而且除上帝之外也可能有实际无限多的完满性,但由此我们并不能推论出在上帝之外还有某些东西拥有无限的完满性,因为这些灵魂不能构成一个个体。如果你说我们至少必须承认在上帝之外还有某个东西拥有和上帝一样多的完满性,那么我确实承认这一点,因为人类拥有比上帝更多的完满性,因为上帝在形式上只有一个完满性,也就是祂的本质。但如果我们所谓的"拥有更多完满性"的意思是"潜在地拥有更多完满性",那么上帝确实有更多完满性,因为祂可以创造一个人、一头驴等。

【3.3】对第三个反驳【1.3】的回应:我承认这个论证所指出的,即一个无限量会被超过,并且正如月球的公转次数超过太阳的公转次数一样,一个无限量会超过另一个无限量。

【3.4】对第四个反驳【1.4】的回应:我承认没有任何一次公转是距离今天的公转无限远的。"没有任何一次公转是距离今天的公转无限远的"这个命题是一个单称的普遍命题,其中的每个单一实例都为真,因为"这次公转是距离今天的公转无限远的"和"那次公转是距离今天的公转无限远的"都不成立,依此类推。但当我们进一步说"因此,所有的公转加在一起仍然是有限

的①"时,这个推论是无效的。连续体的各部分是一个反例②,因为虽然它的任何部分都没有距离其他任何部分无限远(这里所说的距离是指拥有相同大小的部分的东西,因为我们不会在连续体的任何部分当中找到无限多个相同大小的部分③),但这并不意味着连续体的所有部分就因此都是有限的,因为这种推论只有在各个部分之间有明确顺序时才有效,这样一来,我们就可以找到第一个、第二个和第三个部分,而其中没有任何一个是另一个的一部分。但连续体和太阳的公转都没有这种顺序。

对相关论证的回应:当持久的连续体的有限部分彼此相加时,其结果仍然是有限而非无限的,但在那个连续体中实际上存在着无限多的部分。同样地,当任何一次公转加到另一次公转时,结果也是有限的,但所有的公转次数加在一起是无限的。

【3.4.1】或许你会这样反驳:【如果任何公转都是距离某个公转无限远的,那么】不论我们现在讨论的是哪一次公转,某次公转都仍然会距离它无限远,因为全称命题当中的每个个例都成立。因此,某个公转距离今天的公转是无限远的。我接受这个推论,但我可以重复之前关于今天之后的公转的论证,并得出以下荒谬的结论:昨天的公转距离今天的公转也是无限远的。

【3.4.1.1】我对上述反驳的回应如下:我们可以对连续体的各个部分进行同样的论证。连续体的每个部分都有一个更小的部分。这是一个全称命题,其中的每个实例都为真,因为有一个部分比这个部分小,而又有一个部分比那个部分小,依此类推。因此,有某个部分比连续体的任何部分都小。现在关于这个部分的问题是:它是最小的部分,还是有其他部分比它更小? 如果它是最小的,那么它是不可分割的。如果有另一个部分比它更小,那么原本那个部分就没有小于连续体的任何部分。

因此,我认为以上两个论证都犯了语词歧义的谬误,因为在这些论证中,指代的方式从原本不特指任一个体的"单纯的混淆指代"(merely confused

---

① 译注:也就是说,所有的公转加在一起仍然没有距离今天的公转无限远。

② 译注:奥康的意思是,在一般情况下,几个有限量彼此相加不会产生无限量,但连续体各部分是这一情况的反例。

③ 译注:以时间连续体(如一个礼拜)为例,并且以天为单位部分,那么在第1天和第7天之间没有无限多天。若以小时为单位部分,则在第1个小时和第168个小时之间也没有无限多小时,依此类推。

supposition)变成了特指任一个体的"限定指代"(determinate supposition),此外这些论证的词项也从原本的"混淆的分配指代"(confused and distributive supposition)变为"单纯的混淆指代"。① 在(1)"任何公转都是距离某个公转无限远的"这个命题中,作为谓词的"某个公转"有单纯的混淆指代。但如果我们从(1)推出(2)"任何公转都是距离这个或那个公转无限远的",那么我们就犯了歧义谬误,因为在(2)当中,【作为谓词的】"公转"限定指代了这个或那个公转。在命题(2*)"这个或那个公转是距离任何公转无限远的"这里,【作为主词的】"公转"指代的也是个别的公转。由此可知,从(1)到(2*)的推论犯了语词歧义的谬误,因为(1)的谓词和(2*)的主词分别有不同的指代方式。

同样地,【在3.4.1的】第一个命题(3)"任何公转都是距离某个公转无限远的"当中,作为主词的"公转"被全称量词"任何"约束,因此它有特指个

---

① 译注:奥康这里讨论的歧义谬误涉及的并不是语词的意义,而是语句的逻辑辖域(scope)。根据他的《逻辑大全》,人称指代分为个别指代(discrete supposition)和共同指代(common supposition)。有意义的专名或指示代名词有个别指代,如"苏格拉底是一个人"当中的"苏格拉底"和"这个人是一个人"当中的"这个人"。共同词项则有共同指代,例如"人在跑"当中的"人"和"每个人都是动物"当中的"人"和"动物"。进一步说,如果共同词项可以借由命题的析取(disjunction)来特指任一个体,则它有限定指代。在这种情况下,我们就可以从"人在跑"推出"或者这个人在跑,或者那个人在跑,或者另外那个人在跑……"(尽管究竟哪个人在跑并不重要)。与之相反的情形则是共同词项的混淆指代(confused supposition),它进一步分为单纯的混淆指代和混淆的分配指代。若共同词项满足以下三个条件,则它有单纯的混淆指代:(1)它无法借由命题的析取来特指任一个体;(2)它可以借由谓词的析取特指任一个体;(3)特指个体的命题蕴含原始命题。例如,在"每个人都是动物"当中,"动物"就有单纯的混淆指代,因为一方面它不蕴含"或者每个人都是这个动物,或者每个人都是那个动物,或者每个人都是另外那个动物……",另一方面它却蕴含"每个人都或者是这个动物,或者是那个动物,或者是另外那个动物……",而且"每个人都或者是这个动物,或者是那个动物,或者是另外那个动物……"反过来也蕴含了"每个人都是动物"。另外,若共同词项满足以下两个条件,则它有混淆的分配指代:(1)它可以借由命题的合取(conjunction)来特指任一个体;(2)特指个体的命题不蕴含原始命题。例如,在"每个人都是动物"当中,"人"就有混淆的分配指代,因为这个命题蕴含"这个人是动物;那个人是动物;另外那个人也是动物",但"这个人是动物"并不蕴含"每个人都是动物"。上述几种指代的区分和关联还可以通过范畴命题中词项的位置来说明。全称肯定命题(例如"所有 A 都是 B")的主词有混淆的分配指代,谓词有单纯的混淆指代。全称否定命题(例如"所有 A 都不是 B")的主词和谓词都有混淆的分配指代。单称肯定命题(例如"某些 A 是 B")的主词和谓词都有限定指代。单称否定命题(例如"某些 A 不是 B")的主词有限定指代,谓词则有混淆的分配指代。

体的混淆的分配指代。换言之,我们可以由(3)推出(4)"这个和那个公转是距离某个公转无限远的,依此类推"。但在(5)"某个公转是距离任何公转无限远的"这个命题当中,【作为主词的】"公转"有单纯的混淆指代,它并不特指任何个体,所以我们不能从(3)推出(5*)"某个公转是距离这个和那个公转无限远的,依此类推"。因此,从(1)到(2*)的推论和从(3)到(5*)的推论都犯了语词歧义的谬误。

【3.4.2】或许你会反问:(6)"某个公转是距离今天的公转无限远的"和(7)"今天的公转是距离某个公转无限远的"这两个命题是否为真?

【3.4.2.1】我认为(6)是绝对为假的,因为作为主词的"公转"有限定指代,它指代的是这个或那个公转,所以这个命题是绝对错误的,因为不论是这个还是那个公转都没有距离今天的公转无限远。但(7)是绝对为真的,因为作为谓词的"公转"有单纯的混淆指代,所以并没有限定地指代这个或那个公转。

【3.4.3】或许你会说:既然(7)为真,那么我们大可以承认它,并将之套用在原本的论证【1.4】上。

【3.4.3.1】我的回应是:其实你无法承认这个命题,因为作为谓词的"公转"并没有特指任何个体。关于连续体各部分的类似论证,也应该以同样方式来处理。

【3.4.3.2】另一种更好的回应是:作为谓词的全称词项永远不会有混淆指代,除非在主词的位置出现了全称量词,或者主词有混淆的分配指代。因此,很可能(6)和(7)都是错的,因为不论"公转"在其中是作为主词还是谓词,它都可以限定指代这个或那个公转。但在(3)和(5)当中,情况并非如此。

【3.4.4】或许有人会另外补充说,在任何连续体中都有实际无限多的部分,且每个部分都包含自身的完满性,所以任何连续体都拥有无限的完满性。

【3.4.4.1】我对此的回应是:如果连续体当中有实际无限多的部分,其中没有一个是另一个部分的一部分,并且第一个、第二个和第三个部分都是实际上不同的,那么这个论证是有效的。但在连续体这里情况并非如此,因为被分割的两个东西的部分总是第一次分割前的东西的部分。这个道理是没有例外的,所以在连续体中并没有先于其他部分的第一部分,因为任何部分都可以分为更先的部分。因此,这个论证并不成立。

但即便如此,这个论证似乎仍然是有效的,因为连续体可以被分成两半,其中一半又被分成另外两半,依此类推。这些被分割的部分彼此都是完全不同的,因为它们没有任何一个是另一个的部分。现在,根据你的说法,在连续体当中有实际上无限多的部分,所以在连续体中就有无限多的部分,而其中没有任何部分是其他部分的一部分。因此,它们将是无限完满的。但我认为,固然在任何连续体中都存在实际无限的部分和实际无限的完满性,而且这些部分各自不同,但尽管所有这些完满性都是来自单一的有限完满性,这也并不表示连续体本身拥有无限完满性。同样地,即使连续体有无限多部分,而且这些部分都拥有体积,这也不表示连续体本身就有无限大的体积。

【3.4.5】此外,或许你还会问:怎么可能某个东西有无限多的部分和完满性,然而它们组成的复合体却没有无限的完满性?

【3.4.5.1】我的回应是:如果一个东西的各个部分有无限多的相同体积,而且它们彼此各不相同,以至于第一个部分不是第二个或第三个部分,那么我们就可以证明这个由无限多部分组成的东西拥有无限的完满性。但如果一个东西只在比例上有无限多部分或者有相同比例,也就是说第二个部分总是第一个部分的一部分,而且没有任何部分的本性会先于其他部分,那么我们就无法从无限多的部分推论出复合体的无限性。我们甚至不该为此寻找任何理由,因为无限的本性本来就是如此。

以下是对上述论点【3.4.5.1】的几个反驳:

【3.4.5.1.1】根据哲学家的说法,连续体当中的部分只是潜在地存在,而不是现实地存在。

【3.4.5.1.2】此外,如果世界永恒存在,并且太阳对地球实际上已经经过了无限多次的公转,并且上帝在每一天都对连续体进行一次分割,那么连续体就会在实际上被分割为无限多个部分,并且过去有实际无限多个部分,未来也有实际无限多个部分。但如果【它们】没有无限的完满性,这将是永远不可能的。

【3.4.5.1.3】此外,根据哲学家的说法,在任何事物中我们都可以找到一个自然的最小值,例如最小的一块肉。因此,这块肉并没有无限多的部分。

对上述反驳的回应:

【3.4.5.1.1.1】对第一个反驳【3.4.5.1.1】的回应:哲学家说它们可能存在,是因为它们实际上并没有分离,而不是在"敌基督现在并不存在,但潜

在地存在"的意义下说的。因为如果它们在这种意义下潜在地存在,它们就永远无法构成连续体。因此,哲学家的意思是说它们是在它们的原因之外的东西。但它们之所以潜在地存在,是因为连续体的任何部分都不会是独立存在的独立整体。

【3.4.5.1.2.1】对另一个反驳【3.4.5.1.2】的回应:我承认,按照这个假设,连续体会被划分为实际无限多个部分,并且也会有实际无限多个部分存在着,而且这些部分都可以被无限分割,而这个情形和不可分部分的无限分割是不相容的。但我们不能由此推论出,由这些部分组成的整个连续体拥有无限的完满性。上面已经对这一点做过解释了。

【3.4.5.1.3.1】对另一个反驳【3.4.5.1.3】的回应:在这个意义下,自然最小值是不存在的——某个东西不能一方面被无限分割成更小部分,另一方面又保持相同的自然形式。这个道理在肉的情况下是很清楚的。任何一块最小的肉都可以被分为更小的肉,因为每一块肉,不论多么小,都至少可以凭借上帝的全能而被无限分割为更小的肉。至于哲学家的说法,我认为他的意思是:有一个自然的最小值和最小的一块肉,它可以本然地独立自存并经受住那些倾向于破坏它的外部因素(如冷热、空气、水)。所以,如果有一小块肉,它由于力量不足而无法本然地抵抗外界的力量,那么它将立刻被毁灭,它的肉的形会将被毁灭,并且由此产生一种新的形式,不论是空气还是其他东西。但上帝可以中止外部因素的活动,保护这块肉免受破坏,同时将它无限分割成更小部分。在这种情况下,分割将永远不会停止在肉体的最小部分,而被分割或即将被分割的这些部分也不会因为上帝中止了外部因素的活动或保护肉免受破坏而受到任何破坏。如果这些部分自行存在且没有受到任何保护,而且外部因素没有受到阻碍,那么这些部分将立即受到破坏。

【3.5】对第五个反驳【1.5】的回应:我认为这个论点是基于错误的前提,即所有的无限都是相等的。因为正如前述,假设世界永恒存在,那么到目前为止就已经发生了无限次太阳对地球的公转,以及月球对地球的公转。尽管如此,月球公转的次数仍然多于太阳公转的次数。因此,根据原本的假设,我们必须承认一个无限大于另一个无限,并且是无限地大于它。

一个无限不等于另一个无限。不论我们将一个已发生的无限和另一个已发生的无限或即将发生的无限进行比较,这一点都成立。因为如果世界永恒存在,那么很显然地,直到今天开始为止的整个过去时间就是实际无限的,而且直到今天结束为止的整个过去时间也是实际无限的。但后者会大于前者,至少比前者多了一天。同样地,我认为直到今天结束为止的整个过去时间和从今天开始起的整个未来时间也是不相等的,因为其中一个大于另外一个,但究竟哪个更大、哪个更小,我们很难,甚至不可能分辨出来。因此,这个论证【1.5】的预设——所有无限都相等——是错误的,因为部分显然不会大于整体。

【3.6】对第六个反驳【1.6】的回应:如果我们在绝对意义下理解这个反驳的预设,那么未来的公转次数不会像过去的公转次数一样多,而是更多或更少。前面的解说很清楚地显示了这一点。但假设过去和未来的公转次数一样多,那么我认为,按照这个假设,未来所有的公转无法被全部度过,因为它们是无限的。这是因为,在一般情况下,在某个时刻尚未被度过的无限永远不会实际被度过。此外,根据我们对"无限"这个概念的定义,我们也永远无法确定无限序列当中的最后一个成员。但如果一个无限在过去任何时刻都没有被即将度过,而是总是已经被度过了,那么尽管它是无限,它仍然可以被度过。因此,如果某个在过去某个时刻即将被度过的东西已经被度过了,那么它必定是有限的。但如果某个在过去任何时刻都没有被即将度过的东西已经被度过了,那么它不一定是有限的,而反倒可能是无限的。但如果世界永恒存在,那么过去的公转就不会被全部度过,因为这个命题在任何时候都不会成立:"所有这些公转(指的是所有过去的公转)都要被度过"。因此,结论不成立。

【3.7】针对亨利的反驳之一【1.7】,我认为它在两个方面是有问题的。首先,它预设被造物就其本性而言是非存在。因此,根据他的说法,被造物的非存在必定先于它的存在。但这个命题(一个被造物就其本性而言是非存在)很明显是错误的,因为如果这个命题为真,那么没有任何力量可以使它成为存在物。再者,固然某些权威宣称被造物本身就是非存在,但我认为这个论点实际上是要否认上面【亨利】的论点,换言之,它的意思是:被造物不是凭借其自身的本性而成为存在物,也没有从自己的本性那里获得存在。这是因为被造物不是从自身那里获得存在,而是从其他事物那里……因此,下面这个论证是无效的,"一个被造物本身是非存在,因此它不可能永恒存在",因为它可能由于其他事物而永恒存在。

【3.7.1】或许你会说(这似乎正是亨利的意思):在本性上属于同一物的

两个对立物不可能同时属于同一物,因为它们是对立的。但本性上的存在和非存在属于同一物,因为被造物在本性上就是非存在。因此得证。

【3.7.1.1】我对此的回应和司各脱的回应相同(这才是正确的说法)。我认为这个论证证明的是:当质料被产生的时候,它不可能是在拥有形式的情况下被产生的,因为虽然质料可以缺少形式也可以拥有形式,但就质料的本性来说,它是先缺少形式,再拥有形式。因此,我认为(正如司各脱所说)这个论证的论点对于两个真实的对立面来说是正确的,但对那些一个是真实而另一个是不真实的对立面来说不是这样。① 这是因为如果两个真实的对立面在本性秩序上属于某个东西,那么它们两者都必须属于它,因此既然它们的形式不兼容,它们也就不能同时属于这个东西。因此,这样的对立面必定是在时间顺序上先后属于这个东西。但如果对立面中的一个是真实的,而另一个是不真实的,并且它们属于本性秩序中的某个东西,那么不真实的那个就不会真正属于这个东西,而是只有当它被产生另一个真实对立面的外部动因阻碍时,才会真正属于它。正是在这种情形下,非存在本然地属于被造物,因为使它成为一个存在的并不是它自己,而是上帝。因此,在成为一个存在物之前,被造物不必然地要在某个时刻是真实的非存在。所以,和真实的对立不同,这种【存在和非存在的】对立不需要属于时间顺序中的事物,也不需要同时属于它。之所以如此,无非是因为不真实物并不真正属于某个东西,因此它也不会在较早的时刻属于它,更不会和真实的对立面同时属于它。

【3.8】亨利论证的另一个问题在于他宣称我们必须区分一切被造物的创造和保存。这个论点的困难在于:任何宣称世界永恒存在的人,都不会主张世界曾经被创造——"创造"在这里意味着一种在事物存在先前的否定,因为这种先前的否定并不存在于事物当中。此外,他们也会主张事物的开始存在和它的现成存在之间没有任何区别,因为事物总是从上帝那里获得现成存在和保存,但从来没有从祂那里另外获得某种和保存不同的开始存在或被造存在。②

【3.8.1】或许你会说:即使世界永恒存在,它仍然可以被上帝产生。这或

---

① 译注:奥康认为"非存在"并不是真实物,否则非存在就不是非存在了。在他看来,亨利的错误在于把非存在当作某种真实的形而上原理。

② 译注:奥康这里所说的"开始存在"和"现成存在"是借用亨利的术语。参见本书第147页。

者通过创造而发生,在这种情况下,创造将发生在不可分割的时间尺度当中,而这么一来,亨利的论点就得证了;或者,这也可能通过绝对变化来发生,尽管我们不应该主张这个论点。

【3.8.2】此外,世界从非存在过渡到存在,故而从对立面的一端过渡到另一端,这种情形若没有变化是不可能的,而没有尺度的变化是不可能存在的。

【3.8.1.1】我对第一个反驳【3.8.1】的回应是:"创造"一词是有歧义的。如果反驳者指的是某个动力因对某物的总体生产,那么在这个意义下,即使世界是永恒的,它也会被创造出来。在这个意义下,你现在就是由上帝创造出来的。这样的创造没有任何可分或不可分的度量。在这个意义下,创造和保存没有任何区别,因为只要被造物被保存,它就总是在这个意义下被创造。因此,如果世界永恒存在,它就会在这个意义下被创造并保存下来。

但在另一个意义下,"创造"的基本义是被产生的东西,而且引申义则在于否认被造物是最先存在之物,而这正是基督徒所说的创造。在这个意义下,创造和保存有所区别……在这个意义下,创造可以现实地、潜在地拥有可分的或不可分的度量,这取决于某物是在瞬间还是在一段时间内被创造出来。如果我们用这种方式来理解创造,那么被造物的开始存在就不同于它的被产生,正如创造不同于保存一样。但如果世界永恒存在,那么它就不会在这个意义下被创造出来。因此,这个论证并不成立。

【3.8.2.1】我对另一个反驳【3.8.2】的回应是:如果世界永恒存在,对立面的一端就不会真正过渡到另一端,因为它永远不会真正处于非存在的状态下。相反地,它总是处于存在的状态下,因为它总是存在而不是非存在。因此,在这种情况下就不会有由任何尺度来衡量的变化,不论这种变化是可分还是不可分的,因为只有在某物之前不存在、而后存在时,才会发生变化,但根据前面的假设,情况并非如此。

【3.9】我对这个说法【1.7.1】的回应是:前面已经清楚解释了被造物如何凭其本性拥有非存在。当某些权威宣称被造物本身就是非存在时,他们的意思【其实并不是如 1.7.1 所说,而是要】表明被造物并非凭其本性而成为存在物。因此,如果世界永恒存在,它就永远不会曾经是非存在。因此,存在和非存在这组对立面就不会在同时或先后真正属于被造物,因为存在总是属于被造物,而非存在永远不属于它。

【3.10】由上述可知,【1.7.1.1 提出的命题】"任何东西在它存在的时候

都必然存在"并不正确,因为哲学家在《论诠释》中并没有主张这个看法。他的看法毋宁是:"任何存在的东西,在它存在的时候,都存在"这个命题必然为真,因为它不可能为假。同样地,"任何曾经存在的东西,在它曾经存在的时候,都曾经存在"和"任何即将存在的东西,在它即将存在的时候,都即将存在"这些命题也必然为真。如果我们按平常的方式理解这个命题,那么它就是错误的,因为除了上帝之外,它在每个个例之下都为假。例如,"当苏格拉底存在的时候,他必然存在"这个命题是错误的,因为时间命题为真或必然为真的必要条件是它的两个部分都同时为真。

在这里我们必须区分条件命题、因果命题和时间命题的不同。如果条件命题为真,那么在其后件为假的情形下,其前件不为真。但前件和后件本身并不必然要为真。因此,不论苏格拉底是否存在,这个条件命题都是成立的:"如果苏格拉底存在,那么苏格拉底存在"。这是因为条件命题的意思只在于表明前件和后件的关联,若后件为假,则前件不为真。

如果因果命题为真,那么除了上述关系必须成立之外,前件和后件本身必须也都成立,而且前件是后件的原因。例如,如果"因为你在跑,所以你在动"这个因果命题为真,那么:第一,前件"你在跑"为真,仅当后件"你在动"为真;第二,"你在跑"是"你在动"的原因;第三,"你在跑"和"你在动"都为真。因此,如果你没有在跑,这个因果命题就会因为后件为假而不成立。

如果时间命题为真,那么前件和后件都必须在该命题本身为真的那个时刻当中为真,否则该命题就为假。因此,如果前件和后件之一为假,那么时间命题就会因为后件为假而不成立。

就我们现在讨论的情形来说,"当苏格拉底存在的时候,他必然存在"这个时间命题有一个错误的部分,即"他必然存在",而且不论苏格拉底是否存在,它都是错误的。因此,"当苏格拉底存在的时候,他必然存在"这个时间命题必然为假。对其他被造物而言,这个时间命题也必然为假。但就上帝而言,"当上帝存在的时候,祂必然存在"这个时间命题必然为真,因为"上帝存在"和"祂必然存在"都为真,而且同时为真。

【3.10.1】或许你会说,"任何存在的东西,在它存在的时候,都必然地存在"这个命题是有条件地必然为真,而非无条件地必然为真。

【3.10.1.1】但我认为这是不合逻辑的说法,因为这个命题既非无条件地必然为真,也非有条件地必然为真,因为任何必然为真的命题都是无条件地

必然为真。如果我们正确理解这个命题,我们会发现某些必然为真的命题是条件命题或时间命题,其他必然为真的命题则是既非条件命题亦非时间命题的定言命题(categorical proposition)。举例来说,必然为真的条件命题有"如果苏格拉底存在,那么苏格拉底存在""如果苏格拉底在跑,那么苏格拉底在动";而必然为真的定言命题则有"上帝是善良睿智的"。于是,反驳者就认为,当某些条件命题或时间命题必然为真、但其部分为假时,那么这种必然性就是有条件的必然性。例如,"如果苏格拉底在跑,那么苏格拉底在动"这个条件命题必然为真,但"如果苏格拉底在跑"和"苏格拉底在动"都不为真,那么这个条件命题便是有条件地必然为真。但在这种情形下,比较正确的说法应该是"条件命题的必然性",而非"有条件的必然性",因为这个条件命题本身必然为真,因为它不可能为假。同样地,当定言命题必然为真时,这种必然性是定言命题的必然性(necessity of categorical proposition),而不是绝对的必然性(categorical necessity)。

【3.10.1.2】再者,我认为相反之物不拥有潜能,换言之,"如果苏格拉底存在,那么苏格拉底存在"这个条件句不论在苏格拉底存在的当时、之前还是之后,都不会有任何潜能使它为假,因为它永远不可能为假,因为不论苏格拉底是否存在,这个由心灵形成的命题都为真。

【3.10.2】或许你会反驳说:如果苏格拉底在时刻 a 存在,那么他不可能在时刻 a 不存在。

【3.10.2.1】但这么一来,你就预设了这个推论必然为真:"如果苏格拉底在时刻 a 存在,那么他必然在时刻 a 存在。"但这个命题之为真并不是无条件的,而是有条件的。此外,苏格拉底可能在时刻 a 并不存在。这或者是因为他在时刻 a 的时候拥有在时刻 a 不存在的潜能,或者是因为他在之前拥有这个潜能。第一种情形包含矛盾,因此是不可能的。第二种情形成立,所以原本的论证也成立。

综上,我的回应和先前的回应是一样的。我承认"如果苏格拉底在时刻 a 存在,那么他在时刻 a 存在"和"如果苏格拉底在时刻 a 存在,那么他不可能在时刻 a 不存在"这些条件句必然为真,而且无条件地必然为真,但是它们的前件和后件都只是偶然为真。此外,我承认苏格拉底可能在时刻 a 不存在。如果你问他究竟是在时刻 a 当下还是在时刻 a 之前才可能在时刻 a 不存在,那么我的看法是在时刻 a 之前。再者,假如世界的确已经永恒存在,那么"世界已经永恒存在"这个命题现在就必然为真,因为"世界已经永恒存在"现在为真而且不可能为假。尽管如此,世界仍然可能在之前并不永恒存在,因为任何关于过去事件的命题现在都必然为真,但可能在之前为假。但你认为"世界已经永恒存在"这个命题不必然为真,而按照我们的假设,这并不正确。

也可以说,如果世界已经永恒存在,那么正如哲学家所说,上帝就不是偶然、而是必然地已经产生了世界,因为一旦假定世界已经永恒存在,上帝就不可能不已经产生世界,因为祂既不能在世界已经永恒存在之前不已经产生世界(因为在世界永恒存在之前没有任何东西),也不能在世界已经永恒存在时不已经产生世界(因为这是自相矛盾的)。因此,【如果世界已经永恒存在,那么】上帝将必然地已经产生世界。……

【3.11】我对这个说法【1.7.1.2】的回应是:我认为,如果我们承认,就其本性而言,被造物在其存在之前并不存在,那么被造物首先是非存在。换言之,在现实存在之前,被造物并不存在。此外,我还认为我们无论如何不应该容许这种试图证明何者为先的论证,除非"先"和"后"对应于不同的时间度量。……但在现在的情况下,根据原先的假设,被造物的非存在在现实中没有任何时间度量。因此得证。

我对这个说法【1.7.1.2】的另一个回应是:哲学家和注释家在《形而上学》卷五曾说在先之物可以和在后之物分离,但反之则不然。如果我们采纳这种说法,那么在被造物的非存在和存在之间就没有先后之分。但在这种情形下,非存在可以和存在分离,就像存在可以和非存在分离一样。事实上,鉴于它们之间的对立,这一点是必然如此的。因此,严格来说,优先性只存在于无关联的真实物之间,但不存在于彼此不相容的真实物之间,因为两个对立物可以彼此分离,而对立的真实物和缺乏物也可以如此。事实上,它们的确是在这种方式下彼此分离的。

【3.12】我对这个说法【1.7.1.3】的回应是:我承认一个凭借本性而属于某物的真实物在现实上属于该物,但对不真实物和缺乏物而言,情况并非如此。相反地,只有在阻碍它们的外部动因并不存在时,它们才真的属于该物。而这正是现在的情况。这一点从前面的内容来看就很清楚了。

【4】持相反论点(即世界不可能永恒存在)的人可以很轻松地回应那些对他们看法的常见批评,但有一个例外:他们无法证明"世界永恒存在"包含

任何明显的矛盾。因此,主张这种论点的人应该更多地诉诸关于经验性的论证,而不是诉诸"世界永恒存在"包含的矛盾,因为这似乎并不包含任何矛盾。以下是对这种看法【即"世界永恒存在"包含明显的自相矛盾】的反驳。

【4.1】首先,根据安布罗斯在《论三位一体》中的说法,上帝永恒地是上帝,因为"上帝"是一种本性和力量的名称。

【4.2】此外,根据奥古斯丁在《论灵魂不朽》中的说法,许多命题是永恒为真的,如"2 加 4 等于 6"。这适用于许多不涉及上帝的命题,因此上帝之外还有某些东西是永恒存在的。

【4.3】此外,给定一个充分且不可被阻碍的动力因,则结果就是可能存在的。但上帝永恒地是世界的动因。因此得证。

【4.4】此外,如果一个动因的活动没有时间上的前后相续,那么它不可能在时间上先于其结果。太阳就是一个很清楚的例子:它可以立即照亮事物。天使也是如此:它可以直接思考【而不通过感觉经验的媒介】。但上帝在创造世界时,并没有经过或至少可能没有经过时间上的前后相续。因此得证。

【4.5】此外,在那些在瞬间当中被产生的事物那里,动因可以和其结果同时存在,因为在瞬间当中产生事物的动因可以和它活动的开端同时存在,因为在该物存在的任何瞬间当中,其活动的开端都是存在的。但在瞬间活动中,活动的原理、开端和被创造都是同时存在的。因此,之前【4.4】的假设显然是正确的。但上帝正是在瞬间当中创造了世界。因此得证。

【4.6】此外,令 a 为世界存在的第一个瞬间,并且假设世界只存在一瞬间。再令 b 为世界不存在①的最后一瞬间。现在我问:a 和 b 是一个瞬间还是两个瞬间? 如果它们是一个瞬间,那么矛盾就会在同一时刻成立,因为世界在同一时刻既存在又不存在。如果它们是两个瞬间,并且在任何两个这样的瞬间之间有某个时间上的长度,而且这个长度可分为无限多个先前部分,那么世界在其存在的第一个瞬间之前就已经存在了无限长的时间。因此,我们得出以下结论:世界没有存在的第一个瞬间,所以它是永恒存在的。

同样的证明也适用于实际上只持续一瞬间的事物的第一瞬间。我们针对这种情形要问:它是否存在于它不存在的同一瞬间? 如果是,那么矛盾将同时为真。或者它是否存在于一个瞬间,而不存在于另一个瞬间? 如果是,

---

① 译注:这里的"不存在"指的是存在之前(而非之后)的不存在,也就是"还不存在"。

那么在这两个瞬间之间就有一个时间段,并且在这个时间段当中事物既不会存在(因为它只存在一瞬间),也不会不存在(因为它不存在的第一个瞬间是在那之后的)。

【4.7】此外,无限似乎不能用来证明世界无法永恒存在,因为从现在开始到没有尽头的未来的时间长度,和从现在开始到没有开始的过去的时间长度,两者是一样的。但世界能够无限地持续到未来。因此,它也能够无限地不曾开始存在。

【4.8】此外,上帝可能在创造世界之前先创造一个天使,而且或许祂确实这么做了。但在时间之前存在的东西只有永恒。因此,上帝可能永恒地创造出一个天使。

【4.9】此外,时间中的"现在"和永恒的"现在"同时存在,但永恒的"现在"没有开端,因此时间中的"现在"也没有。

【4.10】此外,"人是动物""天使是实体"等命题都永恒为真。但它们都不涉及上帝。因此得证。

【4.11】此外,任何一个能够在每个特定瞬间和可能的特定瞬间之前就开始存在的东西,都可能永恒地开始存在,因为在第一个特定瞬间和可能的特定瞬间之前,只存在着永恒和无限的时间绵延。但上帝能够以这样的方式来创造世界。因此得证。……

【4.12】此外,上帝可以做任何不矛盾的事。而"世界永恒存在"这回事并不矛盾。因此得证。

附录一　中世纪哲学术语

被动理智/可能理智(*passive intellect* / possible intellect)**和主动理智**(*agent intellect, active intellect*)

被动理智和主动理智是理智的两种不同功能。主动理智的作用是对感觉图像进行抽象作用,并从中抽象出可知心象。被动理智本身则好比一张白板,其作用是存储主动理智抽象出的可知心象。

差异(*diversitas*, diversity)**和差别**(*differentia*, difference)

这两个术语在中世纪哲学中有着细微但重要的不同。从词源来看,*differentia* 源自 *di-ferre*,本义是"从……当中分开",而 *diversitas* 源自 *di-vertere*,本义是"从……转移、偏离"。就此而言,"从……当中分开"涉及两个有某种内在联系的东西,而"从……转移、偏离"则涉及两个仅有外在关系的东西。例如,我们会说"火车头从火车当中分开了",但不会说"火车头从火车偏离了",因为火车头是火车的一部分,火车不是相对于火车头而言的独立事物。我们也说"火车从轨道偏离了",但不会说"火车从这条轨道当中分开了",因为这条轨道不是火车的一部分,火车不一定会在这条轨道上行进。与此相应,中世纪哲学就区分了"不同"的两种意义。一方面,如果两个东西的不同是基于它们之间的共同之处,仿佛它们之间有某种更高的内在联系(例如,一个是有形体的存在物,另一个是无形体的存在物),那么这种不同被称为 *differentia*(汉译为"差别"),这两个东西是"彼此有别的"(*differens*, different)。另一方面,如果两个东西不同而又没有任何共同点,仿佛它们的关系只是外在的,那么这种不同被称为 *diversitas*(汉译为"差异"),这两个东西是"彼此相异的"(*diversa*, diverse)、"在根本上彼此相异"(*primo diversa*, primarily diverse),而且它们当中的任一个本身都是"特异"(*diversus*, diverse)之物。

超范畴物(*transcendentalia*, transcendental)

超范畴物指的是横跨、不限于或"超越"亚里士多德《论范畴》十大范畴之区分的东西,包括"存在物"(*ens*, being)、"一"(*unum*, one)和"某物"(*aliqum*, something),因为一切真实事物,不论它属于哪一个范畴,都是存在物、"一"和某物。进一步说,超范畴物可被理解为十大范畴下一切客观事物共同拥有的客观基础或必要条件。相对而言,康德超验观念论(transcendental idealism)的十二个范畴则是某种主观认识(即他所谓的先验综合判断)的主观基础或可能性条件。

持久物(persistent being)和延续物(successive being)

在时间当中存在的东西可被划分为持久物和延续物。持久物作为一个整体完整地存在于它存在的每一时刻。根据亚里士多德主义者的观念,初级实体(例如苏格拉底这个个体)是一种持久物,因为昨天的苏格拉底和今天的苏格拉虽然拥有不同的偶性,但他们仍然是同一个本体,其同一性保持不变。延续物只是部分地存在于它存在的每一时刻中。例如,一天由前后相续的二十四个小时构成,而第一个小时只是一天的一部分,故而一天只是部分地存在于第一个小时中。当代分析哲学也有类似区分。持久论(endurantism)认为时间当中的任何东西都是持久物,而延续论(perdurantism)主张时间当中的任何东西都是延续物,具有所谓的"时间部分"(temporal parts)。

初级概念(the first intention)和次级概念(the second intention)

初级概念的对象是真实存在的心外之物,它涉及谓语及其对象之间的实质性关联或真实关联;而次级概念的对象则是心中观念,涉及的是心灵和心中观念之间的思维性关联。

创造(creation)和毁灭(annihilation)

创造是从不存在任何事物的状态中产生出事物并使其存在的过程。反之,毁灭则把存在着的事物化约为彻底的非存在或"无"。在创造之前,无一物存在;在毁灭之后,也再无一物存在;这种情形与生成和毁坏相反,因为生成总是一物对另一物的生成,而毁坏总是一物瓦解成为另一物。另参见生成和毁坏。

第一类本质述谓(*per se primo modo*)**和第二类本质述谓**(*per se secundo modo*)

这是出自亚里士多德的《后分析篇》的术语。如果 X 是按第一类本质述谓的方式来述谓 Y,那么 Y 的定义包含 X。只要对 Y 的定义是正确的,那么就一定要用 X 来述谓 Y。举例来说,因为动物是生物当中的一种,且"生物"是动物定义的一部分,所以在"动物是一种生物"这个命题中,"生物"就是按第一类本质述谓的方式来述谓"动物"。相对地,如果 X 是按第二类本质述谓的方式来述谓 Y,那么 X 的定义就包含了 Y。举例来说,在"马是会跑的"这个命题中,"会跑的"的定义必须提到"马"。

个体性原理(principle of individuation)

个体性原理是使得一物成为个体的因素,例如阿奎那认为使得物质物成为个体或个别的物质物的因素是特指质料(designated matter),而司各脱认为个体性原理是所谓的"个体差"(individual difference)、"根本差异"(primarily diverse)或"此性"(thisness)。

光照(illumination)

光照泛指某种不同于或外在于认识者个人的因素或作用,它帮助认识者得以获得认识。因此,主张有光照的哲学家不认为人可以仅凭自身的认识功能来获得认识。如果光照的来源是超自然的、来自上帝,那么它被称为"神圣光照"(divine illumination)。

连续体(continuum)

某物是连续体,当且仅当组成它的每个部分都可以无限分割为更小部分,换言之,当且仅当它没有不可分割的最小部分。

偶性谬误(fallacy of accident)

如果一个论证当中的词项有歧义,那么它就犯了"偶性谬误"。

潜能（potentiality）和现实（act, activity, actuality）

"潜能"和"现实"是亚里士多德用来分析实体如何变化的一组概念，在中世纪哲学中被广泛运用。未被发挥的能力被称为潜能，而潜能一旦发挥出来、处于活动状态（active, in act），即是该潜能的现实。举例来说，作为认识功能的理智是一种潜能，而对某个东西有所认识的理智则是理智的现实活动或现实状态。另参见形式和质料。

生成（generation）和毁坏（corruption）

生成泛指某个实体产生同种的另一实体的过程。毁坏指的则是实体瓦解或分解为不同部分的过程。总体来说，生成和毁坏都产生新的实体。但在毁坏的情形下，新实体的出现虽然来自旧实体的分解，但不应被称为旧实体的生成，因为两者属于不同种。另参见创造和毁灭。

生发（procession）

根据基督教神学，上帝拥有圣父、圣子和圣灵等三个不同位格，但这三个不同位格属于上帝这同一本体。这种奇特的情形是人类理性无法理解的"奥秘"（mystery）之一。圣父、圣子和圣灵的不同体现在起源方面：圣父产生圣子和圣灵，而非反之，这种产生过程被称为生发。生发并不是生成，因为被生成的人不同于生成他的人，两者是不同实体，而被生发的圣子（或圣灵）和生发祂的圣父是同一个本体。

实际无限（actual infinity）和潜在无限（potential infinity）

根据亚里士多德的观念，"无限"或者现实地存在，或者潜在地存在，这两种情形分别被称为实际无限和潜在无限。潜在无限的例子是无限延伸的数列，以及被无限分割的线段。实际无限的可能例子包括某个最大值。亚里士多德驳斥实际无限的可能性，他认为只有潜在无限才是可能的。

实质区分（real distinction）、形式区分（formal distinction）和概念区分（conceptual distinction）

如果两个东西 a 和 b 是不同的真实存在物，那么它们之间的不同被称为实质区分。另一种常见的说法是：如果 a 可以在 b 不存在的情形下存在（即 a 可以独立于 b 而存在），那么这两者之间就有实质区分。如果 a 和 b 是同一个真实存在物的不同真实面向，那么它们之间的不同被称为形式区分。例如，在司各脱看来，苏格拉底有两个不同的真实面向，即人和个体，所以人和个体就有形式区分。如果 a 和 b 的不同只是来自认识者心灵所做的区分，那么它们之间的不同被称为概念区分。

完满性（perfection）

完满性泛指原因产生结果的能力。（这里的"原因"必须在亚里士多德四因说的框架下来理解。）一个东西在因果意义下能产生越多结果，就越是完满。就此而言，第一因是最完满的。

习性（habit）

习性泛指行为者能力的稳定而相对长期的倾向，不论这种行为是实践性的还是认知性的。后天习得的习性（acquired habit）是通过行为者自己的反复活动而形成的。天赋习性（infused habit）则是以超自然方式被赋予行为者的。

限缩（contraction）

限缩意指把普遍概念的适用对象从许多事物"限定"或"缩小"至某个特定的个体。以人性为例，苏格拉底和柏拉图都有人性，但被限缩在苏格拉底当中的人性、被限缩在柏拉图当中的人性和人性本身各不相同。

心象（species）

中世纪哲学中的"心象"概念有一种奇特的双重性：一方面，它是认识者直接认识的对象，故与"心"有关；另一方面，它来自客观事物本身，故与"象"或事物的形态有关。就此而言，心象是心灵得以如其所是地认识客观事物本身的媒介，认识者是通过认识心象来认识客观事物的。确切地说，心象还细分为可感心象和可知心象，它们分别是认识者的感官和理智的直接对象。就此而言，认识过程可以概述如下：客观事物产生可感心象，可感心象被感官把握，进而形成感觉图像，主动理智再从感觉图像中抽象出可知心象，最后可知心象被储存在被动理智当中,形成认识。对比"心象"和近代哲学的"观念"可知:心象和观念都代表或表征客观事物,但观念始终是心灵的产物,而心象一方面来自心灵外部的客观事物,另一方面可以进入感官和心灵当中。

形式(form)和质料(matter)

形式和质料是亚里士多德用来分析可变实体的内在结构的一组概念,在中世纪哲学中被广泛运用。亚里士多德将变化视为某个维持不变的事物增加或减少某些性质的过程。实体的生成也是一种变化,在这个情况下,维持不变的事物被称为"质料",而质料增加或减少的性质就被称为"形式"。举例来说,砖块以特定的方式被排列组合后,便生成了作为实体的房屋,于是砖块被称为房屋的质料,而房屋的形式则是砖块特定的排列组合方式。另外要注意,质料和形式究竟是什么,总是相对于被分析的可变实体而言的。在分析房屋时,砖块是质料,但砖块本身也可被视为被生成的实体,就此而言,它的质料是黏土,而形式则是立方体。另参见潜能和现实。

形式存在(formalitas, formality)

"形式存在"是司各脱的术语,意指一个真实事物的某个真实层面。按照司各脱的理解,同一个真实事物可以有不同的真实存在或形式存在,例如对苏格拉底而言,人和动物就是他的两个不同形式存在,因为苏格拉底真的是人,也真的是动物,而人和动物是不同的东西。在这种情形下,人和动物这两个形式存在之间就有所谓的"形式区分"。另参见实质区分、形式区分和概念区分。

远程因(remote cause)和邻近因(proximate cause)

在因果序列中,离结果最近的原因被称为邻近因,较远甚或最远的原因(第一因)则被称为远程因。

组合(composition)和分解(division)

组合指的是将判断或陈述句当中的主词和谓词联系起来,形成"S 是 p"这样的命题。在这种情形下,我们认识到 p 被包含在 S 当中。分解指的则是切断两者的联系,形成"S 不是 p"这样的命题。在这种情形下,我们认识到 p 不被包含在 S 当中。

附录二 哲学家简介

阿维森纳（Avicenna，约980—1037）

阿维森纳大约生于公元980年的布哈拉（Bukhara，今乌兹别克斯坦），并在当地学习古兰经、伊斯兰神学、文学和法学、古希腊哲学和医学。他在18岁完成学业之后以医生的身份开始执业，几年之后又获得政治行政官的职位。终其一生，他都以这两份职业谋生。在1037年，阿维森纳在前往哈马丹（Hamadhan）的旅途中去世，并下葬于当地。

阿维森纳是阿拉伯最重要的哲学家之一，对西方拉丁世界也产生了巨大影响。他的思想结合了当时的各种哲学传统（主要是亚里士多德、新柏拉图主义，以及阿拉伯哲学家法拉比），其思想以独创性和全面性著称，几乎涵盖了所有科学领域，包括逻辑学、自然哲学、形而上学。其代表作为体系性的《治疗之术》（又被称为《第一哲学》）和《评论与提醒》。在心理学领域，阿维森纳以抽象和理性直觉理论及五种内感官学说而闻名。在形而上学领域，他对"存在"（wujūd，existence）和"本质"（māhiyya，essence）这两个概念的区分深刻影响了阿奎那、亨利、司各脱等经院哲学家。此外，阿维森纳还在医学领域颇有成就，直到18世纪为止，他卷帙浩繁的《医典》都是通行全欧洲医学院的标准教材。

布拉班特的西格尔（Siger of Brabant，约1240—1284）

布拉班特的西格尔是中世纪最具争议的哲学家之一，对他观点的诠释也存在分歧。西格尔捍卫了一种独创的观点，即哲学与神学两个学科的完全分离。他主张哲学应该有充分的自主权，尽管这种自主权只涵盖了某些特定范围。某些人因此指控西格尔是无神论的喉舌。除此之外，西格尔还因为主张以下两个抵触基督教信仰的论点而饱受批评:第一,"单一理智论",即所有人共同拥有一个独特的理智,这个论点摧毁了关于灵魂不朽和末世审判的信仰;第二,世界永恒存在、没有开端,这与上帝创造世界的信念相冲突。

西格尔的名字第一次出现在历史记载中,要追溯到1266年,当时西格尔是巴黎大学文学院的讲师,而文学院在这一年卷入了严重的学术和政治争端。某些研究者认为西格尔是这场纷争的主谋,并且还是一种激进的亚里士多德主义的意见领袖。然而其他研究者认为当时的西格尔只是一个无足轻重的人物,并没有直接涉及这场政治纷争。西格尔在1270年前的著作包括了对亚里士多德《论灵魂》卷三的注释,题为"关于论灵魂的问题"。这部著作以记录稿的形式流传下来,它捍卫了单一理智论这个极富争议的观点。因此之故,西格尔被人们称为"阿维若依主义者"。在1272年至1275年之间,西格尔还完成了两部著作,即《论世界的永恒》和《论知性灵魂》。他在这一时期的著作显示了他在单一理智论这个问题上的深刻演变。由于巴黎主教在1270年对此说提出的谴责和阿奎那对该说的批评,西格尔逐渐向阿奎那的立场靠拢,放弃了他早期的观点。在1277年,西格尔因思想问题被教廷传唤受审,而在同一年由巴黎主教艾提安·坦皮尔(Etienne Tempier,约1210—1279年)提出的大谴责(the Great Condemnation)在很大程度上也是针对西格尔。关于西格尔晚年的记载不详,根据一种没有充分证据的说法,他最后死于他精神失常的秘书之手。按另一种说法,西格尔其实是在列日(Liège,今比利时东部)平静地度过晚年。

托马斯·阿奎那(Thomas Aquinas,1224—1274)

托马斯·阿奎那是13世纪最重要的思想家之一。当时亚里士多德著作的拉丁译本已然传入西方世界,改变了哲学探究的各个领域。亚里士多德哲学反映了一种世界观,而这种世界观导致西格尔这样的中世纪思想家断言:在意志自由、个人不朽和上帝的创造等方面,哲学理性和宗教信仰是互相矛盾的。阿奎那持不同的看法,他认为有效的哲学推理不可能和信仰相冲突,因为两者最终都来自上帝。这种信仰和理性的综合促进了亚里士多德经验主义和在经院哲学中根深蒂固的柏拉图主义的并行发展。

托马斯·阿奎那在公元1224年生于意大利罗卡塞卡家族。他约于1244年加入道明会,随后被送往巴黎开始学习神学工作,同时担任大亚伯特

(Albert the Great,约 1200—1280)的教学助理。在 1248 年,阿奎那跟随大亚伯特前往科隆协助建立学馆,并在大亚伯特的指导下继续学习哲学和神学。阿奎那于 1252 年返回巴黎,开始讲授哲学并创作了其《箴言四书注释》和《论存在物与本质》,并于 1256 年成为巴黎大学教授。在 1259 年,阿奎那离开巴黎前往意大利,以 10 年的时间在各个城市任教并撰写《反异端大全》和《神学大全》的第一部分等作品。阿奎那在 1273 年做弥撒时经历了一次奇特的宗教经验(也有研究者认为这是中风发作),这导致他停止了一切写作,他甚至向他的朋友兼助手表示:和这次经验相比,自己的著作连一根稻草都不如。阿奎那在 1274 年前往里昂会议的途中受伤,并于同年去世。

1277 年的大谴责提出了 219 条受谴责的命题,其中有 19 条就专门针对阿奎那的观点。1325 年,涉及他作品的谴责被教廷废除。1567 年,教皇庇护五世(Pius V,1566—1572)宣布阿奎那为教会圣师,在这段时期还出现了许多重要的受阿奎那影响的托马斯主义者,如托马斯·卡耶坦(Thomas Cajetan,1469—1534)、多明戈·德·索托(Domingo de Soto,1494—1560)和圣托马斯的约翰(John of St. Thomas,1589—1644)。阿奎那思想最重要而全面的复兴始于 1879 年。为了使天主教适应和对抗近代哲学思潮,教皇庇护十三世(Pius XIII,1810—1903)在这一年颁布了通谕《永恒之父》,这份文件下令将阿奎那著作立为天主教会的思想基础,所有的天主教学院和大学都必须教导阿奎那的理论,并且还建议教师们在谈及那些阿奎那没有明白阐述的议题时,应该"遵从阿奎那的思考方式,教导正确的结论"。

根特的亨利(Henry of Ghent,约 1240—1293)

根特的亨利是 13 世纪晚期、阿奎那之后最有影响力的思想家之一。据推算,亨利在公元 1240 年前生于根特(位于今天的比利时),后来在巴黎学习神学,并于 1275 年取得教师资格,并在随后的 20 年中任教于巴黎大学。亨利在 1277 年参与了由主教坦皮尔主持的大谴责运动,代表了反对亚里士多德、倾向奥古斯丁的态度。亨利的奥古斯丁主义不仅明显表现在大谴责运动中,在其以后的岁月中也一直延续着,他因此于 1285 年后在神学院中与罗马的吉尔斯(Rome of Giles,约 1243—1316)和方丹的高弗雷(Godfrey of Fontaines,约 1250—1306)展开激烈的论辩。总体来说,亨利并不是守旧的奥古斯丁主义者,而反倒整合了奥古斯丁、亚里士多德、阿维森纳等人的存在论和认识论,形成了一个错综复杂而又富创新性的综合体。亨利还因其对教皇马丁四世(Martin IV,约1210—1285)的尖锐批评而为人所知,并因此被后来的教皇博尼法斯八世(Boniface VIII,约1230—1303)停职。亨利死于1293年。

亨利的主要著作是《正规论题大全》和《任意论题集》,它们的相互参照显示了它们是写于同一时期。《正规论题大全》来自亨利在正规授课中提出来讨论的问题,讨论主题包括对神学的系统研究(第一至第二十条)、上帝的本质和属性(第二十至第五十二条)、三位一体(第五十三至第七十五条)。这部著作在架构上大致对应阿奎那《神学大全》第一部的前43个论题,但篇幅极大,接近《神学大全》的整个篇幅。所谓的《任意论题集》则来自在特定场合(例如圣诞节和复活节前夕)举办的争论,其论题多半由听众随兴提出,因此被称为"任意"(quodlibet)。亨利《任意论题集》的15个任意论题几乎涵盖了从1276年到1292年的所有争论内容,其中每个论题又包含多达40个不同的问题,它们又都被亨利加以扩充和修订。在亨利笔下,任意论题这种体裁达到了它的顶峰,他也是第一位以任意论辩的形式论述其思想的哲学家。

约翰·邓斯·司各脱(John Duns Scotus,约1266—1308)

我们对司各脱的生活、工作和著作所知极少。就当代研究者目前掌握的资料来看,司各脱大致在公元1266年生于苏格兰一个名叫邓斯的村庄。大约自1288年起,司各脱开始在牛津学习神学。大约在1300年,司各脱加入方济会并开始修订《箴言四书》的讲稿,作为他在牛津大学的学士论文。司各脱在牛津大学并未被授予教授资格。他在1302年被派往巴黎研究神学,并开始重新讲授《箴言四书》。在1303年,在关于对教会财产征税的争论中,司各脱由于支持教皇博尼法斯八世、反对法王菲利浦,而与其他80多名方济会修士被逐出法国。司各脱最终于1304年回到巴黎大学,完成其关于《箴言四书》的讲授,并在1305年初获教授资格。由于未知的原因,司各脱在1307年突然被调到科隆的方济会学馆担任讲师。人们对他在科隆的学术活动一无所知。司各脱于1308年死于科隆。

司各脱的著作可分为哲学与神学两类,大致说来,前者属于早期作品。司各脱最早的作品是逻辑学方面的著作,包括一系列关于波菲利《范畴篇导论》和亚里士多德《范畴篇》的讨论。他的重要著作《亚里士多德形而上学论题集》则是稍晚的著作,不过司各脱曾在生涯晚期修订过其中的第五至第九卷。司各脱的哲学声望主要是基于其更成熟和篇幅更长的神学著作,其中以他在牛津讲授的不同版本的《箴言四书注释》最重要,包括早期在牛津大学的《箴言四书注释订正本》和稍晚在巴黎大学的《箴言四书注释记录本》。

欧特库的尼可拉斯(Nicholas of Autrecourt,约 1299—1369)

尼可拉斯出生于洛林的欧特库。他就学于巴黎大学文学院,并于 1317 年毕业。在 1326 年左右,他以神学院学生和文学院教授的身份回到巴黎大学,并于 1333 年担任索邦学院院长,从 1335 年至 1336 年讲授《箴言四书》。1340 年是尼可拉斯学术生涯的重要转折点,他在这一年因涉嫌主张受谴责的异端学说而被教廷传唤至阿维农。尼可拉斯在 1346 年被定罪,他被禁止教学,其著作也被烧毁。他在 1369 年以坐堂主任牧师(dean)的身份去世。由于教廷的定罪,尼可拉斯留下的著作非常少。

尼可拉斯谴责当时的思想家自满于重复亚里士多德和阿维若依的学说,并试图提出取代亚里士多德哲学的学说,如基于可错主义的认识论(其旨在准确评估理论的确定性程度),以及与形质论相反的原子论和机械论自然哲学。就此而言,他的哲学带有强烈的批判精神,许多学者因而称他为"中世纪的休谟"。

奥康的威廉(William of Ockham,约 1287—1347)

奥康的威廉在公元 1287 年左右生于伦敦西南部的村庄奥康。他在青年时期加入方济会,并在伦敦的修道院学习基础的文科和哲学知识,随后前往牛津大学继续深造神学,并在 1317 年至 1319 年间完成《箴言四书注释》,取得学士学位。他接着在牛津大学继续攻读神学硕士的课程,但并未取得硕士学位。奥康因此被尊称为"可敬的初学者"(Venerabilis Inceptor)。1327 年,方济会会长切塞纳的米迦勒(Michael of Cesena,约 1270—1342)因为不同意教皇约翰二十二世(John XXII,1244—1334)关于使徒守贫的教义解释,受召前往阿维农接受调查。隔年,米迦勒要求奥康仔细研究教会之前关于使徒守贫的文件,以判断约翰二十二世是否违背文件精神。奥康做出了惊人的结论:约翰二十二世不只在观点上与教会的立场相左,而且还顽固地主张违背教会的错误观点,因此教皇本身就是异端。随后,教皇约翰二十二世要求方济会成员选举一位新的会长以取代米迦勒。米迦勒和奥康等人遂于1328年5月逃离阿维农,并因为未经允许擅自离开阿维农而被教会除籍。奥康等人于1328年抵达比萨,与教皇的政敌、神圣罗马帝国皇帝路易四世(Louis Ⅳ,1282—1347)会晤。奥康等人随同路易四世于1330年回到慕尼黑,此后奥康就未曾离开该地,他的除籍令也未曾被教会注销。奥康于1347年死于慕尼黑,下葬在当地的方济会教堂。

奥康大部分的哲学和神学著作是在伦敦和牛津教书时完成的。其哲学著作主要有逻辑和自然哲学两方面。在逻辑方面,他的《逻辑大全》是中世纪第一部关于逻辑的体系性完整著作。他对自然哲学问题的讨论则集中在亚里士多德的《物理学》,其《物理学注释》是其篇幅最大的哲学著作。奥康的神学著作以《箴言四书注释》为主。其政治方面的作品,则可以追溯到奥康的慕尼黑时期,如《概述教皇约翰二十二世的错误》《反对本笃十二世的书信》等。